人まで老若男女が様々なスポーツをしていますが、その様子は楽しげで、リラックスしていて、雰囲気も明るい。

日本でもそんな「スポーツ」をしている人もいるでしょうけど、「試合に勝つ」といった目標にこだわりすぎているところも多く、真面目にキビキビと動き、大きな声であいさつを交わします。ドイツに比べると眉間にシワをよせながらスポーツをしている人が多い印象があります。

ドイツの町に住みながら、取材・観察・調査を重ねていくと、両国の雰囲気の違いがなぜ起こるかが見えてきます。一言でいえば、スポーツを教育や社会、政治などと、どのように関連づけているのか。これが異なるためです。本書ではここに焦点をあてて、ドイツのスポーツを読み解いていきます。

読者の中には、ドイツが素晴らしい国に見えてくる方もいるかもしれません。しかし、実際には問題もあるし、日本に右から左へコピーできるようなものでもない。ただ他国のスポーツの構造を見ることで、日本の問題を議論するための刺激にはなる。そのように使っていただけると本望です。

まえがき

今世紀に入って、日本のスポーツをめぐる問題が目立つようになりました。特に学校を見ると、部活における指導者の体罰、部活内のいじめ、適切な指導ができず、練習中に重篤な事故の発生。こういった問題が生じています。

これは学校だけではありません。たとえば女子柔道の国際強化選手が監督から暴力などのパワーハラスメントを受けていたことが、選手たちの告発で明らかになりました（2013年）。トップアスリートの世界でさえ、監督による体罰が行われているわけです。

部活の指導を行う先生たちの労働環境も大変なことになっています。運動部の顧問ともなると日々の指導に加え、週末の試合の引率などが発生します。結果的に勤務時間が長くなり、学校がいわゆる「ブラック職場」のような状態になっています。こうしたことがなぜ起こるのか、あるいは、どのように解決すればよいのか。日本国内では継続的に議論が行われています。

他方、私が住むドイツのスポーツを見るとまるで日本とは異なります。子供から大

Sport und Gesellschaft
Freizeit, Gemeinschaft, Kultur

ドイツの学校にはなぜ「部活」がないのか

非体育会系スポーツが生み出す文化、コミュニティ、そして豊かな時間

高松 平藏
Heizo Takamatsu

晃洋書房

目次

第5章 だからドイツには「スポーツバカ」がいない 133

第1章

だからドイツの学校は午前中で終わる

ドイツの学校は、なんと午前中で終わる。
日本のように学校の先生が
過重労働となることはない。
なぜそのようなことができるのだろうか。

いい試合ができた！

1 午前中で終わるドイツの学校

部活ではなく、スポーツクラブでスポーツ！

ドイツの主たる「スポーツの場」はスポーツクラブです。スポーツ文化もスポーツクラブの影響がとても大きい。ちなみに私が住んでいるエアランゲン市にはたくさんのスポーツクラブがあるのですが、１８４８年設立の市内で最も古いクラブの年表を見ると、１８９３年に子供向けの体操をスタート。１９３９年には幼児向けの体操を始めています。

スポーツクラブとは何か、ということはあとで詳細に述べますが、簡単にいえばＮＰＯ（非営利組織）に相当する組織運営です。競技も様々な選択肢があり、数も多いので、身近な存在です。

ではなぜ子供たちはスポーツクラブでスポーツをするのでしょうか？ 習い事のよ

うに思う方もいるかもしれませんが、違います。

本章ではドイツの学校に触れながら、スポーツクラブが子供のスポーツの場としてなぜ成り立つのかを考えていきます。

地方分権型で、外国系市民の多いドイツ

ドイツの学校を見ていく前にドイツとはどんな国かということにも少し触れていきましょう。

ドイツは16の州で成り立っている国です。国の形としては連邦制。つまり地方分権的傾向がわりと強い国です。それだけに各基礎自治体も自律性と自立性が高い。日本のように「(中央に対する) 地方都市」という言い方がありません。

また全体的に小さな自治体が多いのも特徴です。人口の多い順にあげていくと
・ベルリン（３６４万人）
・ハンブルク（１８３万人）
・ミュンヘン（１４６万人）
・ケルン（１００万人）
といったところです。それ以下は１００万人以下です。

ですから、都市のスケールと実際の質が、日本とずいぶん違います。2万人、3万人といった小都市でも中心地は中世の佇まいを残しつつ、中身は現代的なお店や銀行などになっていて、平日でも人々で賑わっています。日本ではちょっと考えられないです。

10万人を超えるともう「大規模都市」という位置づけです。この規模になると、かなりいろんなものが揃っています。

読者諸氏の中にはドイツへ観光に行ったことがあるという人もいるでしょう。ベルリンやミュンヘンは確かに大都市ですが、観光地として有名な町、たとえばハイデルベルク（16万人）、ローテンブルク（1万1000人）といった程度です。思いのほか少ないです。

ドイツは日本と面積がほぼ同じ。しかし人口はかなり違います。ドイツは8280万人、日本は1億2616万人（2019年）。

企業に目を向けてみると、グローバル企業の本社も全国にちらばっています。たとえばヘルツォーゲンアウラッハという人口2万3000人の町、ここにはシェフラーという世界的に知られた自動車部品会社、そしてスポーツ用品メーカーのアディダスとプーマの本社があります。

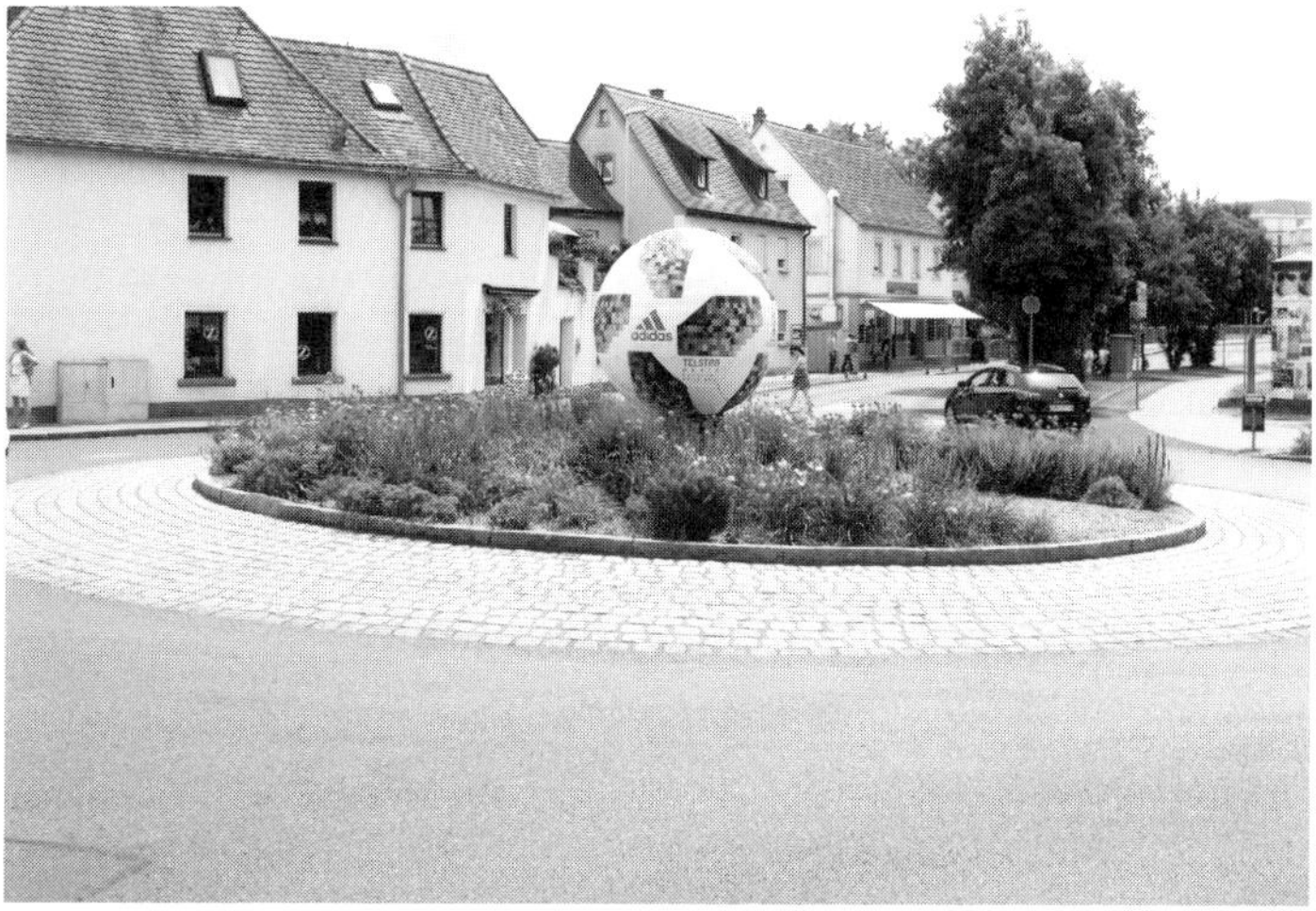

アディダス、プーマの創業の地であり、本社があるヘルツォーゲンアウラッハ。小さな都市だが、雇用吸収力は大きい。写真は旧市街地近くのラウンドアバウト（環状交差点）

グローバル企業だけでなく、力のある中小企業も同様です。世界シェア3位以内、あるいはEU内で1位といった条件で分類する「隠れたチャンピオン」という中小企業の指標があるのですが、旧東ドイツは少ないものの、全国全体にまんべんなくあります。

こういった構図を見るだけでも地方分権傾向の強いドイツにおける、地方の雇用吸収力がうかがえます。

外国人の比率[1]も異なります。ドイツ全国で11・5％（2017年）。私が住むエアランゲン市（11万人）はやや多め、18％程度（2017年）です。ですからアジア系の私が

図表1　100人あたりの居住外国人の人数

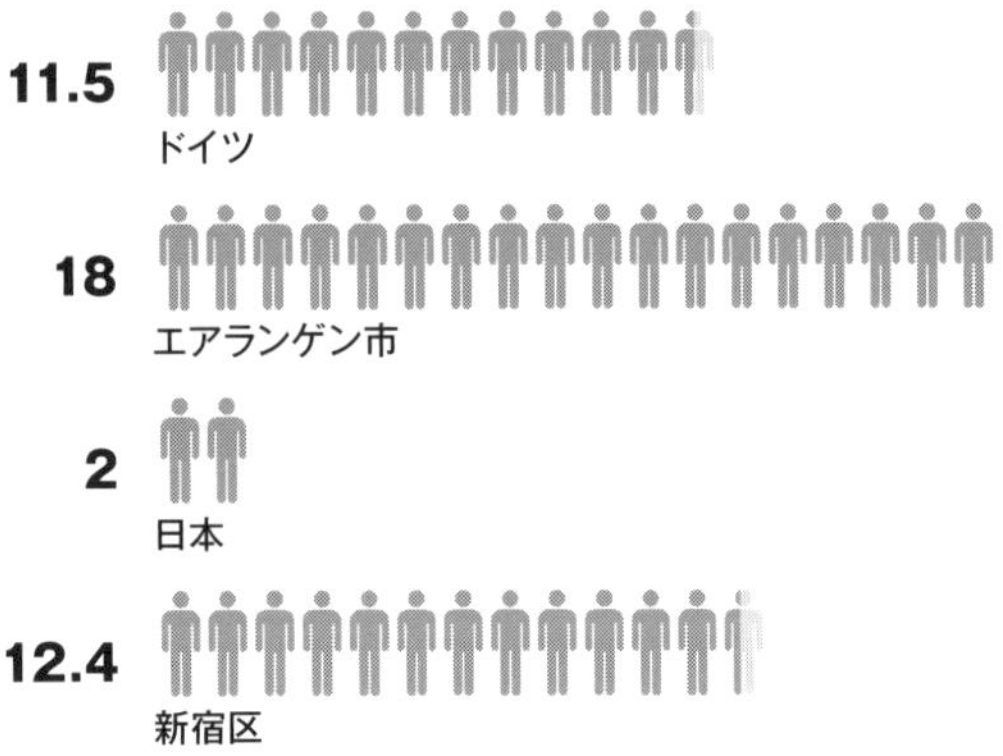

日本で外国人比率がもっとも高い新宿がドイツ全国と同レベル。（複数の統計より筆者作成）

町の中を歩いていても、それほど違和感がありません。日本はというと、昨今外国人が増えたとはいえ、比率は2%程度。最も外国人比率が高いのが新宿区（12・4% 2019年）[2]。ちょうどドイツ全体と同程度の比率です（図表1）。

ドイツ語からの直訳で「移民背景」という分類があります。日本でいう「外国人」という分類とは異なるものです。

「移民背景」は幅広い条件の人があてはまります。おおまかにあげてみましょう。

・外国人の居住者
・ドイツで生まれた外国人

・両親が外国からの移住者や外国籍の者

さらに、かつて旧ソ連などに移住した人の子孫がドイツに戻った帰還移住者なども指します。

この中にはドイツ国籍を持っている人も多く、いわゆる白人で、ドイツ語が母語といった「ドイツ人」の定義がかなり狭いものになっているのがおわかりいただけるでしょう。

「移民背景」の定義にあてはまる人は、ドイツ全体で23・6％に登ります。私が住むエアランゲン市の外国人市民が約18％いると述べましたが、「移民背景」という分類を適用すると30％ぐらいにまで増えます。

まとめてみますと次の三つがドイツの特徴です。

①ドイツは地方分権型
②自治体は小ぶりなところが多い
③外国系の市民が多い

日本とずいぶん異なります。

小学校卒業時に進路が決まる?

ドイツは地方分権型の国家という事情とあわせて注目すべきは文化や教育分野です。「文化高権」といって、各州に義務と権利をもたせています。そのため、小さな都市でも文化政策が充実しています。

私が住む人口11万人のエアランゲン市でも300年前からある市営劇場のほか、NPOによる劇場、ギャラリーやミュージアムなどが揃っています。こうなるには「文化高権」が背景にあることも大きいです。

日本の10万人クラスの都市でエアランゲン市ほど文化施設がある都市はあまり見ません。

学校に目を転じると、制度も日本とずいぶん異なります。

できるだけシンプルに書くと、だいたい次のようになっています。

日本の小学校に相当する基礎学校は4年生まで。その次の中等教育がおおよそ3種類に分けられています(図表2)。

・職人などの職業が前提の「基幹学校」(就学期間5年、9年生まで)
・中級クラスの技術者などが前提になった「実科学校」(就学期間6年、10年生まで)

図表2　ドイツの学制図

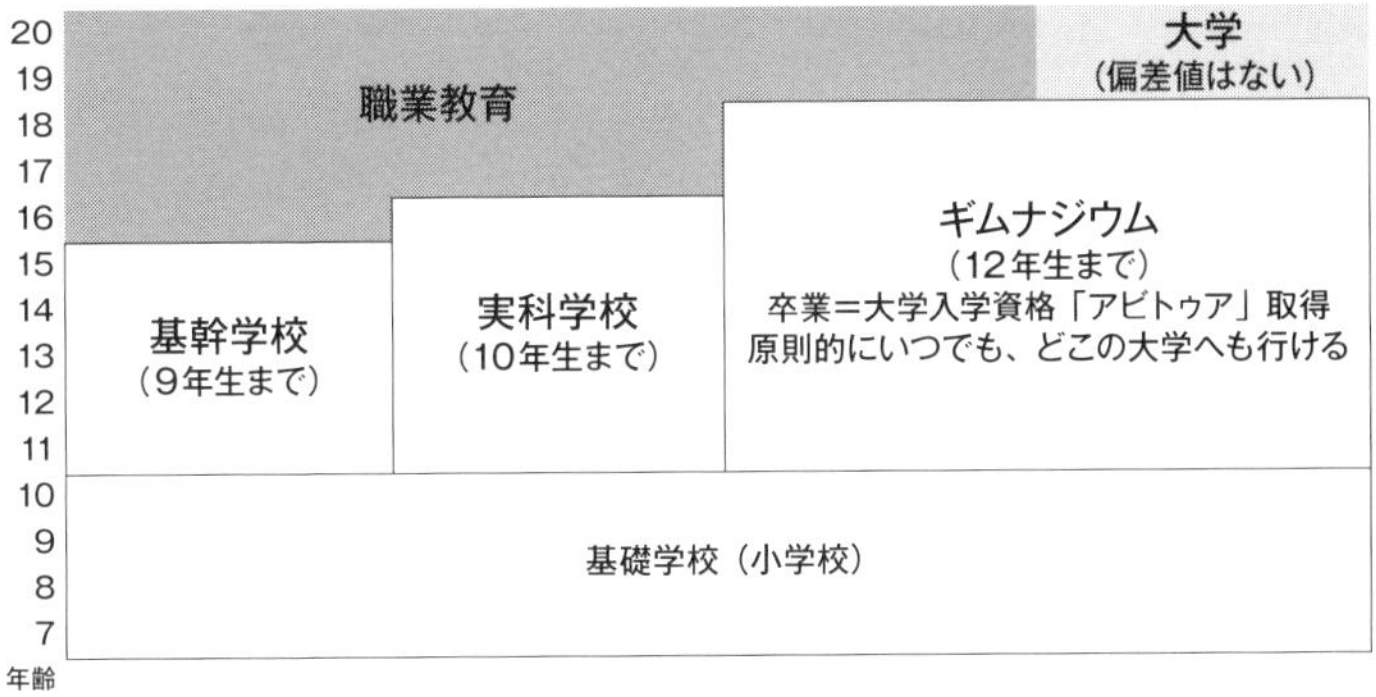

9年生まで一般の学校義務（基幹学校、実科学校、ギムナジウムなど）
18歳まではなんらかの学校に就学義務（実科学校、ギムナジウム、職業学校など）

極力単純化した（筆者作成）。他にも「総合学校」などがある。また人によって進路も様々なバリエーションがある。ギムナジウムの就学期間も2018年現在のもの。

・大学入学資格「アビトゥア」取得（＝卒業）が前提になった「ギムナジウム」（就学期間8年、12年生まで）

　最近はこれらの学校がいっしょになった「総合学校」もできていますが、伝統的な進路といえば、この三つです。学年の数え方は小学校1年生から通算で数えていきます。ですから、ギムナジウムの最終学年は12年生ということになります。

　日本と異なるのは、小学校卒業後の進路を決めることです。卒業時の成績が影響します。十分な成績をとった生徒には「あなたはギムナジウム、実家学校、基幹学校のいずれか希望する学校に行くことができる」という証明書をもらいます。つまり成績によって選択肢の数が決まるわけですね。

ドイツの教育システムは職業とかなり密接です。伝統的にいえば、成績がよくても、手を使う仕事のほうが向いていると判断すれば基幹学校へ行くというもの。あるいは親が手工業分野の職業の人は、子供も手工業の世界へというケースも多いのです。日本に比べ、社会の階層移動が少ない傾向があります。

とはいえ、昨今のドイツにも変化はあります。

ドイツの学制は基本的には個人の適性に合った教育を行おうという制度です。しかし日本と同じように「学歴」を欲しがる傾向が強まり、大学入学資格「アビトゥア」(=ギムナジウム卒業)取得を考える人が増えています。

「アビトゥア」が付与されると、医学部など一部を除いて、いつでもドイツ国内のどの大学・学部でも入学できます。日本とは異なり、偏差値で大学のレベルを測るというシステムがありません。

またアビトゥアを取得しても、特に大学でしたいことがなければ、そのまま職業訓練に入る人もいる。というのも、アビトゥアの価値が高いので、日本でいう「学歴」としては、十分というわけです。日本でいえば中堅の大卒ぐらいの値打ちはあるでしょうか。

それだけにギムナジウムの授業は内容も高度な思考力が問われ、なかなか難関です。ドイツの学制には一定の成績に至らない場合、もう一度同じ学年をやり直すことがあります。いわゆる留年です。自己判断で留年して、もう一度やり直す生徒もいます。ギムナジウムの学生でしたら、留年の他に実科学校へ移るといった選択肢もあります。

バイエルン州のあるギムナジウムの場合、入学時（5年生）に150人程度いた生徒が、卒業時（12年生）には100人程度にまで減っていたというケースもあります。これは留年や実科学校への転校で生徒が減り、さらに1学年上の生徒が留年で加わったプラスマイナスの結果です。

言い換えれば、日本の高校に相当する段階で、かなり選別が行われている形です。そのせいもあるのでしょうか、ドイツの大学生の学力は総じて高く、視野も広いといわれています。事実、某大手企業の管理職をしている知人が、「アビトゥアを取得しているかどうかで、視野の広さがかなり違う」と語ってくれたことがあります。

基本は「半日モデル」

簡単にドイツの学校の制度や進学について触れましたが、日本と異なる点として、

・受験のない学制
・留年も普通にある
・偏差値という指標がない

という3点が目に付きます。この3点が違うだけでも学校の様子や生徒や親の考え方が日本と異なるであろうことが想像できるでしょう。

たとえば日本ですと、偏差値と学校の評価がワンセットのようなことがあります。そのせいか、親同士が子供の学校のことを話題にするとき、あえて通っている学校名は触れないことがあります。しかし、ドイツでは堂々と「○△学校に通っていて……」という話が出てきます。

日本の場合は、偏差値の高い学校に通っている＝優秀＝人格も優れているという見方をしてしまいがちですが、ドイツの場合、子供の通っている学校と子供の人格については関係がありません。

さてドイツの学校は始まる時間が早い。なんと8時に授業がスタートします。もっとも会社なども基本的にそうです。ドイツの朝は全体的に日本より早いのです。

しかし、それ以上に驚くのが、子供たちが学校にいる時間です。基本は午前中まで（13時ごろまで）もちろん学年が上がっていくと変則的に午後の授業のある日があり

学童保育に相当する施設が増えた。写真は企業系の施設の10周年記念イベントの様子。(エアランゲン市)

ますが、基本は午前中のみ。

ところで、ドイツでも「お父さんは会社へ働きに行き、お母さんは専業主婦」という時代がありました。役割でいえば夫は生活費を調達することと、家庭外との渉外担当。妻は専業主婦として教育と家庭管理と、客人に対するもてなし、というモデルです。

このモデルは19世紀に入って工業化が一気に進み、同時に農村部から都市への流入が急増するに伴いできました。「労働者」という階層が史上、初めて誕生した時代です。そこで確立する家族構成が近代化の初期に現れる「夫婦と子供」という市民社会的な核家族です。戦後の家族像も基本的にこのモデルを踏襲しています。

１９７０年代によく使われたのは「ＫＫＫ」。「お母さん」の領分を言い表したもので、ドイツ語の「子供（Kinder）、キッチン（Küche）、教会（Kirche）」の頭文字を並べたものです。子供の世話をし、台所での料理づくりなどの家事、教会でのボランティアなどが母親の仕事というわけですね。

なぜ学校の半日モデルが成り立ったのか、その理由のひとつは、こういう家族構成があったからだということは確かでしょう。そして、ここで昼からスポーツクラブへ行く物理的時間がきちんと確保されているということです。

ただ近年少し状況が変化してきていることも事実です。ドイツの学校は、基本は「半日モデル」ですが「終日学校」も増えているのです。これは、簡単にいえば、「半日モデル」に、学童保育に近い機能がつけられたもの。子供たちは宿題をみてもらったり、遊ばせてもらったりしています。

この終日学校が作られる背景のひとつに、「ＰＩＳＡショック」があります。

２０００年にＯＥＣＤ（経済協力開発機構）によるＰＩＳＡ（生徒の学習到達度調査）の結果が発表されました。ドイツのランキングが低く、学力低下が問題視されました。教育への投資という議論が出てきたのです。

学校以外の教育は家庭の領分

ドイツの学校の特徴をもうひとつ紹介しましょう。

もし「ドラえもん」の「のび太」がドイツの学校に通っていたら、自室の机の引き出しに0点のテストを隠しておくということはまずできません。すぐにバレてしまいます。

どういうことかというとテストが返却されると、親が見たことを証明するサインをして学校へ戻す仕組みがあるからです。また小学校でしたら子供の宿題を見届けるところまでが親の仕事と考える人もわりあい多い。つまり親が子供の学習をかなりフォローアップしなければならないということでもあります。そのせいか、「今日は夕方6時から子供にラテン語を教えなくちゃいけないんだ」といって、職場をさっと出る男性の知人もいました。

ドイツも塾や家庭教師はありますが、日本に比べるとかなり少ないのもそのせいでしょう。ちなみに塾や家庭教師は「進学」のためにというよりも、成績が振るわないので、一定の水準にまでレベルアップするという目的であることがほとんどです。

さてドイツにおいて、「学校以外の教育は家庭の領分」という特徴を見た時、スポ

子供の試合のために送迎するハイケ・ウンダーさん。普段からクラブのためのボランティアも熱心に行っている。遊び心でMAMA's TAXI と書かれたパネルを自家用車に飾っている。

ーツはどうなるのでしょうか。じつはスポーツも「学校以外」となるわけです。ドイツの場合、あくまで学校は「授業をし、学問を教える」ということに徹しているのです。

子供たちにとって、スポーツは学校でするのではなく「スポーツクラブでする」のが主流となるのはこのためです。

もっとも子供が小さいと親に負担もかかります。スポーツ関係のシンポジウムに取材に行ったときのことです。コーヒーブレークの時間に、たまたま座ったテーブルが女性ばかり。彼女たちは何らかの組織や企業で働いていて「仕事」としてシンポジウムに参加している人たちです。私は「ドイツはスポーツクラブがあって、とてもいいですね」という話を切り出した。すると、とたんに彼女たちは「お母さん」の顔になり、「スポーツクラブがいいですって？　送り迎えが大変よ」といった不満の声が出てきたことがありました。

確かに、クラブまで自転車で行ける距離であっても、子供が小さければ一緒に行かねばならなかったりします。あるいは普段のトレーニングには自分で行けるようになっても、試合などがあれば親が連れていかねばならない。もちろんどうしても送迎の都合がつかないと、「今日はウチの子供も一緒に乗せてやってもらえないか」と連絡を取り合って「タクシー業務」をなんとか別の人にお願いすることもあります。

反省会中でも時間になればお開き

ドイツの学校は先生の働き方も日本と異なります。小学校の先生なら、授業が終わる午後１時過ぎには、さっさと家に帰ってしまいます。

こんなエピソードがあります。私の知人、中村実さんがドイツに旅行に行ったときのことです。中村さんの友人、ユルゲンスさんは当時「先生の卵」で教育実習中。好奇心旺盛な中村さんは、教育実習の様子を見学させてもらったそうです。授業終了後、クラスの担任の先生と反省会。時計を見ると13時を少し過ぎています。ユルゲンスさんは「先生、そろそろ終わりませんか？　もう13時過ぎてますよ」と切り出した。

そのことじたい、日本の感覚からいえば驚きです。教育実習生に対する反省会の場です。ところが、担任の先生は、「あら、もうこんな時間！　反省会はもう終わりにして帰りましょう」とお開きになったそうです。そんな「ごく普通」のやり取りを目の当たりにした中村さんは「いや、なんともびっくりしました」と私にその時の様子を話してくれました。

こんなエピソードを紹介しましたが、学校の先生は家に帰って遊んでいるわけではありません。授業の準備にテストの採点など、自宅で行います。

午後から家に帰り、夏休みも「休み」になるのがドイツ。そのため一般には「先生は働かない」というイメージがあります。しかし先生側からいうと、裁量制なので、「そんなことはない」と主張。平日のみならず、土日でも自宅でも働くことがあるようです。ドイツの一般的な労働者は、土日は休みなので、かなり特別な感じがあります。

ここで日本の学校と比べると、とてもクリアに教師の役割が見えてきます。それは、先生とは「子供たちに授業で勉強を教える」「子供たちに知識を授ける」のが仕事なのだ、ということです。

ドイツでも授業以外の領域を、学校や先生もカバーすべきという趣旨の意見もあります。しかし日独という対比をすると、日本の先生は「授業」以外の仕事が多すぎる。

ドイツの学校でも文化祭などのイベントが行われることがあります。また日本の部活に似た活動もゼロではありません。しかし「授業を行う」という本分をそれほど崩すことなく組み入れられているようです。

ちなみにドイツの学校は日本のように、職員室はありません。長いテーブルがおかれた会議室のような部屋があるのみ。これを見ても学校は、授業を行う専門家の集まりといった様子が窺えます。

ドイツの責任の「領域」

ドイツの先生は本業の「授業」とそのための研究・準備などに時間を割きやすいわけですが、その理由に「責任」の領域が日本と大きく異なるということがあるようです。

ドイツの法律でいえば18歳から成人として様々な自由とともに責任を負います。それ以下の年齢は、本人の責任能力がないので、すべて親が負うことになります。日本でも基本的には同じはずです。

もし、子供が万引きをすると、これは明らかに親が責任をとることになります。しかし、なぜか日本は学校の先生が万引き被害にあったお店に呼び出される。本来ならば先生や学校は無関係のはずです。

これは小中高校生だけではありません。奇妙なことに大学生にも適用されます。

ある日本の大学生が海外研修旅行で、現地の歴史的建築物に落書きをするという「事件」が起こりました。彼らが通っている大学の副学長がわざわざ謝罪に行きましたが、これは、なんとも馬鹿げた話です。成人でしたら彼らが責任を取らねばなりません。未成年でしたら彼らの親が責任を負うことになります。西欧諸国に関していうと、学校関係者が謝罪に来ることじたい、不思議で仕方がないのではないでしょうか。

つまりドイツの責任の「領域」というのは、法律通りであり、先生の業務も日本に比べると授業以外の仕事が少ない。これが、「学校は午前中」という基本設計が成り立つひとつの理由なのかもしれません。

休日の多いドイツの学校

夏休み、冬休みのほかにドイツの学校は長期の休日が多い。春休みはないが、10月末に一週間の「秋休み」がある。さらに、キリスト教にまつわる祝日がくる。これらは年ごとに異なるが、カーニバル（2月－3月・1週間休み）。イースター（3月－4月・2週間休み）。聖霊降臨祭（5月－6月・2週間休み）。この休みのあいだ、一般の人も休暇を取ることは多いが一応、会社は動いている。それに対して、先生たちはほぼ休み。こういう事情から「先生はあまり働かない」というイメージができている。

［1］Statistisches Bundesamt: Mikrozensus – Bevölkerung mit Migrationshintergrund

［2］新宿区のホームページより　３４６３０９人中、外国人４３００３人（平成31年2月1日現在）
https://www.city.shinjuku.lg.jp/kusei/index02_101.html

第2章

だからスポーツが長く続けられる

ドイツではスポーツクラブが無数にある。
そして子供から大人まで楽しめる。
ドイツのスポーツクラブとは
どのようなものなのか。

ベビーカーを押しながらマラソン大会参戦

1 スポーツクラブとは何か

スポーツクラブはNPO

本章ではいよいよドイツのスポーツ文化ともいえる「スポーツクラブ」について見ていきたいと思います。

日本の「スポーツクラブ」といえば、運動機器が並ぶ会員制のフィットネスクラブなどを想像する人が多いでしょう。これらのほとんどが企業などの営利組織によるものです。

一方ドイツでも営利企業によるフィットネスクラブが増えていますが、スポーツクラブといえば伝統的に「フェライン（Verein）」と呼ばれる組織形態のものを指します。辞書を見ると「協会、クラブ」と書かれています。たとえば歴史や合唱などのフェラインは「歴史協会」とか「合唱協会」といったように協会という定訳があてられていました。

ですのでスポーツフェライン（より忠実に発音をカタカナで表記すれば「シュポルトフェルアイン」）は「スポーツクラブ」のこと。日本に当てはめると、ＮＰＯ（Nonprofit Organization／非営利組織）にあたります。ＮＰＯと考えると社会全体の中で、どういう存在の組織なのかがイメージしやすくなるかもしれません。なお本書ではスポーツクラブ以外のフェラインを原則的にＮＰＯと訳してすすめていきますが、営利組織である企業が経営する日本の「スポーツクラブ」とは質的に異なる組織であることがおわかりいただけるでしょう。

ＮＰＯの数が桁違い

ドイツのＮＰＯは全国で約60万あります[3]。日本のＮＰＯは5万２０００[4]ほどですから「桁違い」とはこのことです。もっとも協会などの非営利セクターの法人は日本でも古くからあるのですが、本書ではＮＰＯとの比較を軸に進めます。

日本の現行のＮＰＯに関する法律は１９９８年にできました。考えようによっては20年ほどで5万以上できたわけですから、今後もっと身近なものになっていくのではと思います。ＮＰＯにまつわる問題や課題も出てきていますが、当初に比べると、認知度がずいぶん変わってきているのを感じています。

それにしても、日独の数の違いは仕方がありません。何しろ歴史が全く異なる。ドイツで最も古いＮＰＯとされているのが、芸術・科学・産業の振興などを図った「ハンブルク愛国社会協会」（１７６５年設立）。名前に「愛国」という言葉が入っていますが、ハンブルクの「都市の友人」ぐらいのニュアンスです。ハンブルクの社会全体をよくしていこう、繁栄させようというのが目的です。

ＮＰＯについての法律ができたのは日本の法律成立を遡ること１５０年。国民議会が１８４８年にＮＰＯ設立の基本的な権利として認めました。日本の場合、法律は阪神淡路大震災などを経て、市民活動が活発化、より促進させようという狙いがありましたが、ドイツは事情がちょっと違います。

法律ができる以前、ＮＰＯは政治的なものもあったため、国家によって批判的に監視・統制、あるいは禁止されていました。しかし、設立を許可したほうが、かえってどういうＮＰＯがあるのかがわかり、管理できるという判断があったようです。日本の法律成立とはずいぶん背景が異なります。ドイツにあっては19世紀の半ばＮＰＯの設立ブームを迎えました。赤十字などの慈善団体のほかに、スポーツクラブが増えてきたのもこの頃です。

伝統的なNPOといえば、合唱クラブ、射撃クラブ、郷土協会、歴史協会などが挙げられます。これらも各地にあり、中には後継者不足で苦労しているところもありますが、現在も活動しています。12ページでも触れましたが、人口2万人、5万人、10万人といった都市でも、日本の同規模の都市とは質的に異なります。大きな理由のひとつに「文化」が挙げられます。自覚的に都市の文化についてプロジェクトや政策で扱う傾向が強く、それが都市づくりにも反映されている。さらにはこれらの活動を支えるNPOがたくさんあります。

たとえば郷土協会や歴史協会などは、都市の歴史などをきちんと整理し、定期的に町の歴史についての本を出版するところもけっこうあります。こういう市民による社会的組織が、自分たちの歴史を常に意識しているわけですが、歴史をたどっていくと、当然町の特徴も明らかになってきます。それを出版や展覧会の形で提示していきます。

1970年代ごろからは男女平等、環境問題、平和、文化、反原発、同性愛者のための自助グループなどのNPOができてきます。こういう様々なイシューに取り組むNPOが地方都市にもあり、また、ボランティア活動のほとんどが、NPOを通じて行われています。小さな自治体でも社会的なアクティビティがたくさんある。これもまた、日本とは異なる「都市の質」につながっているように思います。

11万人の町にクラブが100

ドイツのNPOについて概観しました。ではスポーツ分野はどうでしょう。ドイツオリンピックスポーツ連盟の統計によるとスポーツクラブは約9万。日本の全NPO（5万2000）より多い。

スポーツクラブは日本の学校で展開されている「部活」とも違います。もっとも大きく異なる点は、部活はあくまでも「学校内」での組織であること。だから、ここに所属するのは、学校の生徒や学生です。それに対してドイツのスポーツクラブは社会全体の中にある組織です。そのため、子供から年金生活者まで老若男女、誰でもメンバーになることができます。これは双方のスポーツ文化が異なる決定的な要因になるものだと思います。そのあたりは後に考察するとして、もう少し、スポーツクラブの様子を見てみましょう。

私が住んでいるエアランゲン市は人口11万人の町ですが、NPOが約740あり、そのうち100程度がスポーツクラブです。

そのスポーツクラブの会員の数を合わせると約3万8000人を数えます。会員は必ずしもエアランゲンに住んでいる人とは限らず、同市に隣接する町の人が会員になっているケースもあります。それにしても単純に計算すると、同市人口の35％ぐらいの人がなんらかのスポーツクラブの会員になっている計算です。

11万人という人口に着目すると、京都市の中京区とか、大阪市の阿倍野区程度の規模です。そんな中に100のスポーツクラブがあるわけです。人口2万人ちょっとの小都市でも50ぐらいのクラブがある町も見られます。

教会、消防団、そしてスポーツクラブ ―コミュニティのスタンダード

面白いのは1000人とか2000人の村です。こういうところでも芝生のサッカー場があります。しかも2面、3面持っているところもあり、その周辺にテニスコートやバスケットボール、あるいはスケートボードなどができるようになっています。また5000人ぐらいの村になると、クラブは確かにひとつしかありませんが、複数の競技を扱う「総合型スポーツクラブ」というところがけっこうあります。

そういう村でも16世紀とか17世紀ぐらいから、場合によっては1000年以上の歴史を持つところもあります。そしてしっかりしたコミュニティが確立されているのが

バイエルン州北部の自治体、ライヒェンシュヴァント（人口約2400人）にある1919年設立のスポーツクラブの建物。この自治体じたい14世紀ごろからの歴史がある。

見えてきます。こぢんまりとしているけど、立派な教会がたち、役場にはコミュニティホールがある。役場に掲げられた「村の行事のお知らせ」という案内ボードを見ると、高齢者向けの昼食会、フリーマーケット、サイクリング、音楽会、サマーフェスティバル、保育園を解放して誰でも施設内を見たり、説明を聞いたりできる「オープンドア イベント」、クリスマス市場、合唱協会の練習などが並び、村の生活が見えてきます。消防団の格納庫の壁などには火事になった教会の火を消す守護聖人の力強くも美しい絵が描かれていたりします。余談ながら、こういう消防団もドイツの場合はＮＰＯです。

このように村の中にスポーツクラブは19世紀ごろに作られたところもけっこうあり、クラブがぽつんとひとつだけあるのではなく、村のコミュニティに必要な様々な「要素」とともにあるのがよくわかります。

村のクラブをもう少し見ていきましょう。隣村のクラブとダンスパーティなどの行き来があるところもあります。またサッカーのプロリーグ（ブンデスリーガチーム）のファンクラブ（これもＮＰＯ）がある村もありますが、大きな試合があると、スポーツクラブ内のレストランに集まり、皆で試合を観て盛り上がるようです。ちなみにクラブハウス内には必ずレストランがあります。これはメンバー間の交流にとって必要だからです。スポーツ交流で日本から若者たちがやってきても、こういうところで歓迎パーティなどが行われます。私自身、取材でクラブを訪ねてもレストランに案内され、そこで話を聞くこともあります。

ドイツらしいと思わせるのが、「ウィークエンド・スポーツビール祭り」ということをやっている村のクラブもあります。子供や青少年のトーナメント制サッカーの試合を見ながら、村の人たちがビールを楽しんでいるのです。「子供たちが頑張っているそばでアルコールなんて」と考える読者諸氏もいるかもしれませんが、そこは「ビールの国、ドイツ」です。いや、それ以上に、スポーツクラブが共同体の中でフルに

約5400人の自治体ヴィルヘルムスドルフにあるスポーツクラブのハウス内のレストラン。他のクラブのメンバーと一緒に。地元の楽隊も来ている。また歴代の優勝カップなどが飾られている。ちなみにこのクラブの設立は1886年。

使われているところに着目すべきでしょう。

このように村でのクラブ施設の使われかたを見れば見るほど、スポーツクラブが共同体には欠かせないリビングスタンダードであるということが見えてきます。

少し視点をずらして、5万、10万という人口規模の町を見ると、雇用吸収力のあるところも、けっこうあります。たとえば、私が住むエアランゲン（11万人）などは、昼間の人口が多い。ドイツ全体を見ると12ページで紹介したアディダス、プーマをはじめ、総合電機メーカーのシーメンス、製薬のバイエル、それからフォルクスワーゲンやＢＭＷなどの自動車メーカーなど、世界的企業の本社もドイツ全国にちらばっています。

これが日本から見ると小規模な都市でも雇用吸収力がある背景でしょう。こういう都市からよその町へ働きに行く人もたくさんいますが、周辺から働きに来る人も多い。地方にも経済力があるから地方分権型の国が成り立つということでしょう。

面白いのはこういう5万、10万人規模の町が、戦後になって経済発展を遂げたケースです。周辺の村が「新興住宅地」のようになり住人が増えます。そういう村のスポーツクラブなどは設立年も戦後。すなわち住人増加を受けて作られたのでしょう。スポーツクラブはドイツの人々にとって「リビングスタンダード」であるということが透けて見えてきます。

スポーツクラブでどんな競技をしているのか？

スポーツクラブがリビングスタンダードだということはわかりましたが、ではどのような種目のスポーツをどんなふうに行っているのでしょうか。

ドイツにも各競技によって全国組織にあたる連盟がありますが、ドイツオリンピックスポーツ連盟の２０１７年の統計によると、80あまりの競技連盟があります。各連盟のメンバー登録数からいえばサッカーがもっとも多く、約700万人を数えます。その次に多いのが、「トゥルネン」（約500万人）です。トゥルネンは「体操」と翻訳されることが多いのですが、ドイツ独自のもので、スポーツクラブを見るときにかなり重要な種目です。これはおいおい触れるとして、続けて見てみましょう。

テニス（約140万人）、射撃（約135万人）、山岳登山（約115万）と続きます。また、空手（20位、約15万6000人）、柔道（21位、約15万人）と日本発祥の競技人口もけっこう上位にあります。

それから、クラブで扱う競技はサッカーだけ、BMXだけ、空手だけ、といったふうに一種目のみを扱うクラブも多いですが、複数の競技を扱っているクラブもけっこうあります。これらは日本で「総合型スポーツクラブ」として紹介されています。もっとも、私はドイツで「総合型スポーツクラブ」と直訳できるような言い方は聞いたことがありません。スポーツクラブの歴史をたどると、20世紀初頭に複数種目を扱う「混合型体操クラブ」といったようなものが出てきます。これを日本に紹介するときに「総合型スポーツクラブ」とされたのかもしれません。確かにドイツのスポーツクラブには名称に「混合型」という言葉を残しているところもありますが、今日、ドイツの日常でわざわざ区別して使うことはないように思います。

参考までに、私が住むエアランゲン市を見ると、約100件あるスポーツクラブのうち4割ぐらいが単一競技のクラブ。残りの6割程度が複数の競技を扱っている「総合型スポーツクラブ」です。

以上、地方都市や村での様子をまとめると、次のようなことがいえます。

・NPOの数が日本と桁違い
・ドイツのスポーツクラブは約9万1000件
・人口11万人の町に100件のスポーツクラブ
・複数種目を扱う「総合型スポーツクラブ」がある
・小さな村でも必ずといってよいほどクラブがある

サッカーブンデスリーガに見るクラブの地域密着

地域密着ということを掲げて日本で1993年にスタートしたのがJリーグ。この「地域密着」というのはドイツのサッカーが参考にされました。しかし、印象で言えば、やはりドイツのほうが地域密着だなと感じることが多いです。

フュルト市が本拠地のサッカーチーム「グロイターフュルト」の旗を自宅に掲げる人もいる。(フュルト市)

その理由はいくつかあるのですが、たとえば、ファンのためのステッカーなどがあります。あまり褒められるものではありませんが、いたずらなのか、「ファンであること」を公言したいのか、町の建物などにぺたぺた貼ってあることがあります。これが、たいてい地元のチームのステッカーなのです。後に触れるサッカーチーム「グロイターフュルト」のチームのワッペンなども本拠地の自治体ロゴに使われているクローバーがあしらわれています。

バイエルン州内で放送しているラジオ局が、州の故郷をたたえるようなポップソングをヘビーローテションで流していたことがあります。ラップを交えたポップス仕立て。ドイツ語がわからない人が聞けば、流行のヒットソングかと思わせる現代的な楽曲です。歌詞の内容は、観光地や州内に本社をおくBMWなどの企業、そしてFCミュンヘン、FCニュルンベルクなどのサッカーチーム、こういった州内の自慢を並べたような歌詞です。伝統的にドイツには郷土ソングがたくさんあるのですが、その現代版という感じです。

もし、そんな歌を京都のラジオ局が作るとすれば、こんな感じでしょうか。「清水寺の舞台は素敵、鴨川デートにうってつけ、町を歩くは舞妓はん、祇園祭はみんなが夢中。無論オムロン、世界が愛する任天堂、御所の散歩はまったりしてる、京都サンガはクールなチーム」

このように、サッカーチームの地域性を感じさせる表面的な例はいろいろあります。さらに見るべきは、後ほど触れるように、経営の構造でしょう。クラブがプロチーム（ブンデスリーガ）を支えているような構造です。日本のJリーグの場合、どうしても企業が出発点になっているので、サッカーチームのDNAじたいがどうも違うようです。

それがよく現れたのが、地域の文化政策です。たとえば人口11万人のフュルト市の市営ミュージアムで市内のスポーツクラブに関する展覧会がありました。この町でも

100年以上前のクラブもたくさんあり、各クラブが保管している文書や証明書、スポーツ器具、写真などを一時的にミュージアムに集めて展示しました。

その中に同市のサッカーチーム「グロイターフュルト」のコーナーもありました。

あのグロイターフュルトは体操クラブ出身?!

この「グロイターフュルト」について少し話しましょう。同チームはブンデスリーガ第二部のプロチームです。2012~2013年のシーズンではブンデスリーガ一部のチームとして活躍したことがあります。このチームの歴史は1903年から。もともとは「フュルト体操クラブ1860」というクラブの中のひとつの部署でした。その名の通り、19世紀に端を発するクラブですが、20世紀にはいって、そこから独立したのです。

このようにサッカーチーム「グロイターフュルト」の歴史をさかのぼって「出自」を見ても地域のスポーツクラブから出発しているわけです。ちなみの、この体操クラブは現存しており、子供から大人まで、5000人以上のメンバーを数えます。また体操以外にもハンドボール、テニス、柔道、様々など25種類の競技を扱っています。いわゆる「総合型スポーツクラブ」のような形になっています。

ここで、他のブンデスリーガのチーム名を見てみましょう。これも実はものすごくローカル色が強い。先程みた「グロイターフュルト」と同様、出自を見ると町のスポーツクラブにあります。「超訳」なのですが、いくつかのサッカーチームを挙げてみます。

シャルケ04（FC Gelsenkirchen-Schalke 04 e.V.）
チーム名の意味：１９０４年設立のゲルゼンキルヘン市シャルケ地区のサッカークラブ

ボルシア・ドルトムント（Ballspielverein Borussia 09 e.V. Dortmund）
チーム名の意味：１９０９年設立のプロイセンのドルトムント市の球技クラブ

ハノーファー96（Hannoverscher Sport-Verein von 1896 e.V.）
チーム名の意味：１８９６年設立のハノーファーのスポーツクラブ

1．FSVマインツ05（1.Fussball und Sportverein Mainz 05 e.V.）

グロイターフュルトのホームスタジアム「スポートパーク ロンホーフ・トーマス・ゾマー」。写真はスポーツ・健康・サイエンスに関するシンポジウムが行われた時の様子。スタジアムのユニークな使い方でもある。

チーム名の意味：1905年設立のマインツで1番目のサッカーとスポーツのクラブ

TSG1899ホッフェンハイム

(Turn-und Sportgemeinschaft 1899 Hoffenheim e. V.)

チーム名の意味：1899年設立のホッフェンハイム地区の体操とスポーツのコミュニティ

スポーツクラブのネーミングには、設立年をつけることが多いのが特徴です。だから名称を見るといつ、どこで設立されたのかがわかります。日本に置き換えるならば、たとえば1906

年に大阪の天王寺で設立されたチーム名を「FC Osaka - Tennohji06」とし、普段は「天王寺06」といった具合で書かれたり、呼ばれたりしているようなものです。

地域密着は経営構造にも表れています。ブンデスリーガはプロチームで法人として独立していますが、スポーツクラブが母体になっています。外部からの出資も受け入れていますが、「50＋1ルール」という決まりがあって、株式の半数以上（51％以上）は、「母体」であるクラブが所有する決まりになっているんですね。

この制度に対して、投資家などから批判的な議論もあるのですが、買収されることが防げる。「クラブみんなのプロチーム」という構造を堅持しているかたちです。また47～48ページで紹介したようにプロチームも、もともと地域の体操クラブのひとつである競技部署が独立した歴史を持っているなど、「出自」からいっても、地域の歴史として深く組み込まれています。

それに対して、様々な人が指摘していますが、日本の場合、企業チームが出発点だったJリーグはどうしてもドイツのような雰囲気になりにくいのでしょうね。

2 平日でも子供から大人まで

スポーツにおける「引退」という言葉がない

日本ではまだ馴染みのないスポーツクラブですが、実はドイツのような総合型スポーツクラブを日本でも増やそうという方向で動いています。

スポーツ庁の2017年の統計資料[5]によると約3600の総合型スポーツクラブがあります。2002年の段階で540ほどしかありませんでしたから、かなり急激に増えています。

しかしながら一般的にいえば、まだまだ「スポーツクラブ」の認知度はドイツのようには高くはなく、スポーツといえば日本では部活が主流ではないでしょうか。

部活とスポーツクラブの大きな違いは学校内で完結しているか、それとも、社会に開かれているかということにあります。ドイツと比較すると日本の学校じたいがタコツボ型の構造です。スポーツも部活というかたちで、タコツボの中に収まっている形です。これは会社で働く大人も同じだと思います。（次ページ図表3参照）

ドイツのスポーツクラブを見てみましょう。2017年のドイツオリンピックスポーツ連盟の統計によると、スポーツクラブの会員数は約2380万人。年齢別では最も多いのが41～60歳の年齢層で、4分の1以上をしめています。次に多いのが7～14歳まで（17・5％）。詳しくは55ページの図表4を見ていただくとして、働き盛りの年代がしっかりメンバーとしてスポーツをしている姿が浮かび上がります。

ではドイツの学校でスポーツはまったくされていないのかといえば、そういうわけではありません。通常の授業の中に「スポーツ授業」もあります。その他にもスポーツフェスティバルや、自主的な活動なども含まれます。

学校対抗でサッカーが行われることもありますが、「学校の名にかけて」といった大げさなものでもなく、にわかじたてのチームで学校対抗の試合を楽しむようなイベントです。また政策や学術などの分野でも「学校スポーツ」というテーマが掲げられ、議論や研究もすすんでいます。

面白いのは、日本の高校に相当する「ギムナジウム」の「伝統」です。ギムナジウムは大学入学資格「アビトゥア」を取得して、卒業します。この資格の取得はなかな

■ドイツの構造（市民社会型）

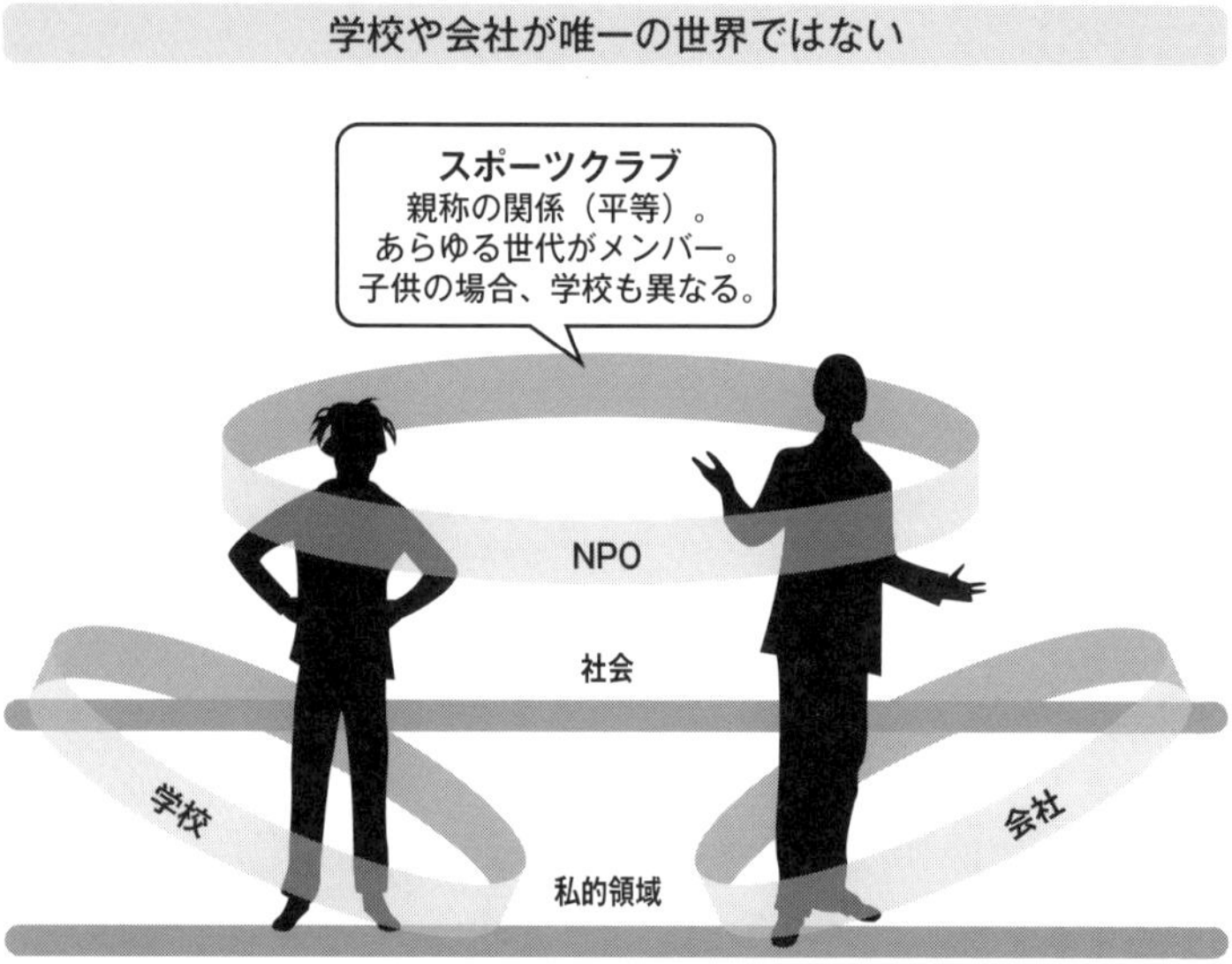

メンバーの属性にとらわれずに楽しめるスポーツクラブが、地域社会の一部になっているドイツ

筆者による図／「CEL」（大阪ガス株式会社 エネルギー・文化研究所発行）2019年3月号より転載

図表3　ドイツの構造と日本の構造

■既存の日本型構造（タコツボ型）

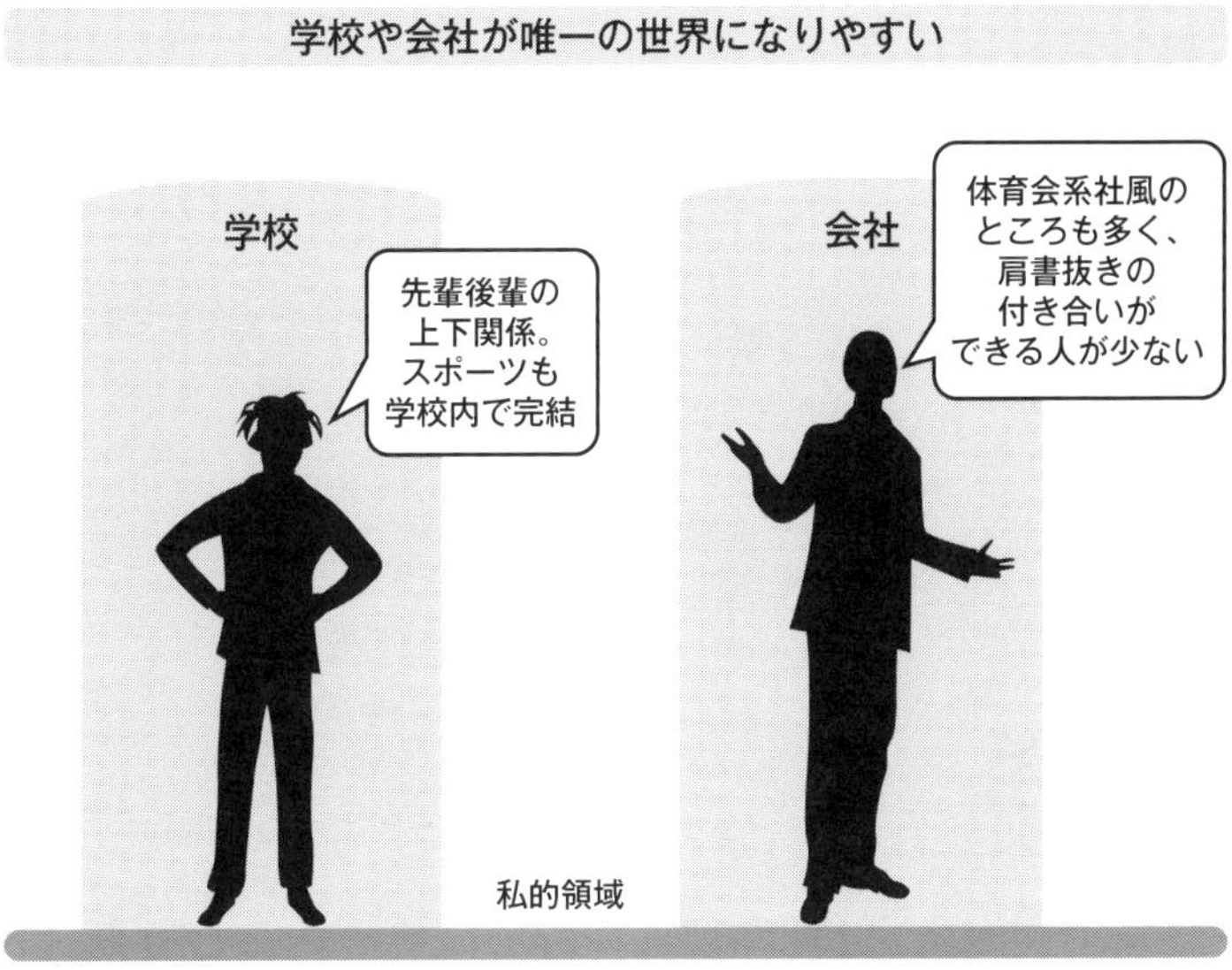

学校や会社にコミュニティが固定しがちで、個々人の社会的視野が広がりにくい日本

かハードで、そして社会的にも価値が高い。そういう事情もあるからでしょうか、私が住むエアランゲン市の、あるギムナジウムでは「アビトゥア」のテストが終わった後は教諭と一緒にサッカーの試合をすることを伝統にしています。先生たちも奮起して頑張るようで、生徒側が負けることもあります。

しかし、それにしても日本の部活のような制度が基本的にありません。そのため、何か特別にスポーツをしたい場合、スポーツクラブのメンバーになるのが一般的な方法です。

日本に目を転じると、驚くことに部活で「引退」という言葉があります。高校生が受験などに向けて、部活を「引退」するというわけです。

トップクラスのアスリートが体力の限界などを理由に、20代後半や30代で「引退」するのはわかりますが、常識的にいえば「引退」とは、もっと高齢の人の口から出てくる言葉です。ドイツから見たとき、日本の部活で「引退」という言葉があることに、大きな違和感を覚えました。

ドイツの場合を見てみましょう。たとえば高校生ぐらいの若者が、地元の大学に進学しても、そのまま所属しているスポーツクラブで続けているケースも多いです。大学進学までは試合に出場するなど、競技として熱心に練習していた人が、大学生にな

図表4　スポーツクラブ会員の年齢別割合（%）

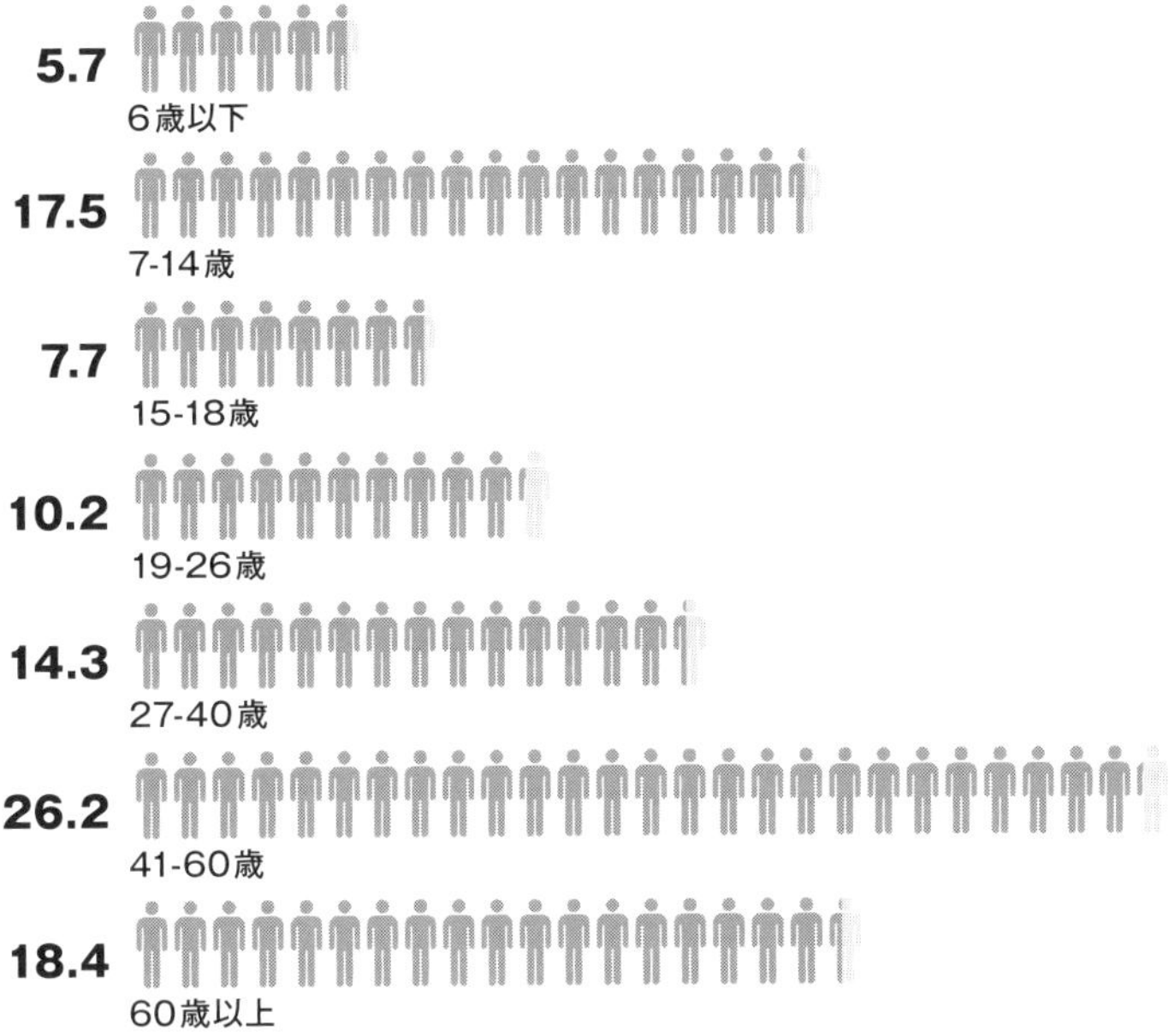

スポーツクラブの会員年齢別の割合。「働き盛り」の世代が多い。2017年のドイツオリンピックスポーツ連盟の資料をもとに作成。

ってからは、「ほどほどに」という人もいます。

そういうふうにトーンダウンするのは、日本の大学に比べて、勉強に忙しいという事情もあります。そうかと思えば、勉強が忙しいにも関わらず、競技のために熱心に練習している人もいるのですが、なかなかすごい人だなと思います。日本風にいえば「文武両道」という感じでしょうか。

ともあれ日本の「部活」と比べてみたとき、「引退」という言葉はドイツでは必要ないのです。

なぜ大人もスポーツができるのか？

「引退」がないドイツのスポーツですので、就学期間を終え、働きはじめてもスポーツは気軽にできます。そのひとつの理由に「ブライテンシュポルト」という概念があるからでしょう。これは「幅広いスポーツ」という意味なのですが、誰もができるスポーツということです。以降、このブライテンシュポルトを「幅広いスポーツ」と表記していきます。

このスポーツ概念は、簡単にいえば、余暇や楽しみ、気晴らし、健康、体力の維持・向上、コミュニケーションといったようなことを主目的にしたものです。日本でも草野球など、大人が楽しみの範囲で行うスポーツはありますが、ドイツ風にいえばそれも「幅広いスポーツ」のひとつです。

ドイツらしいのは、「幅広いスポーツ」も、ある程度概念化されていることです。ただ、使われ方をみていると、やや口語で曖昧に使われることも多い。トップレベルの競技以外は「幅広いスポーツ」と呼んでいる印象があります。

それにしても「幅広いスポーツ」という概念があるため、たとえばクラブ内でコースを作るときなども誰にでもできる「幅広いスポーツとしての体操コース」といったような形で分類できます。

日本の大人の草野球などは試合後の居酒屋での「戦勝会」「残念会」が楽しみというようなことがあると思います。「幅広いスポーツ」として行われる試合などは、この感じに近いです。勉強で忙しくなった大学生なども、こういう概念があるために続けられるわけです。

試合に出るにしても、「あくまでもホビーだが、自分の限界に挑む」、という意味で、アマチュアアスリートとして、かなり熱心にトレーニングしている人もいます。そうかと思えば、試合が目的でなく、練習そのものや、仲間とトレーニングすることじたいを楽しみとしている人もけっこういます。こういうのも「幅広いスポーツ」に

図表５　日独の年間労働時間

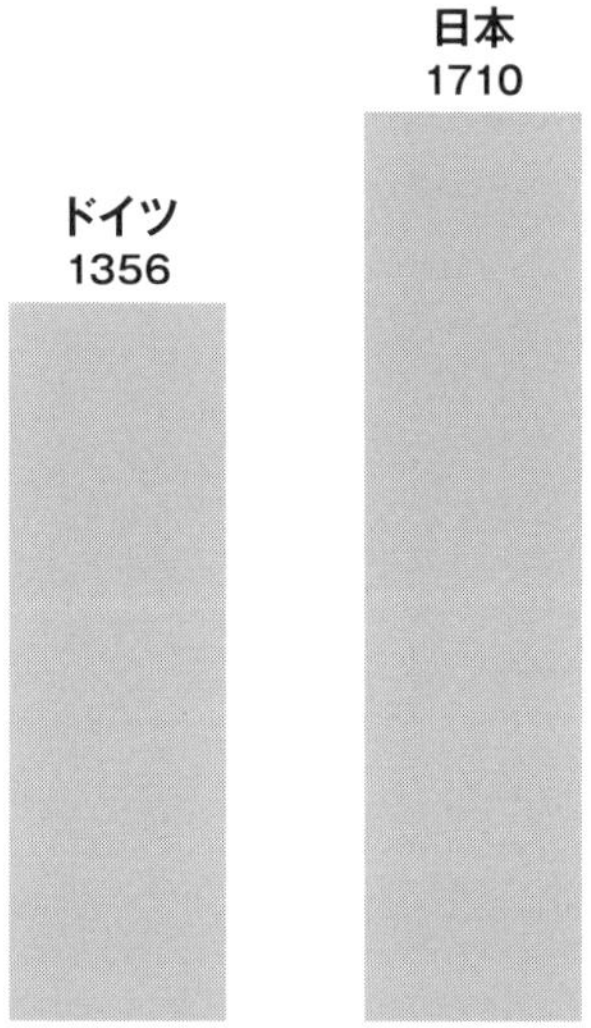

OECDウエブサイトをもとに作成（2017年）

あたります。

　また平日の夜7時といった時間からでもトレーニングも普通に行われています。日本の事情と比べたときに、労働時間が短く、職住近接ということがあるので、そういう時間から始めるのも楽です。というより、ドイツの社会にあっては、それが普通のことです（図表５）。


　連邦統計局の資料[6]によると、２０１２年の段階でドイツの労働人口の70％以上は通勤時間は30分足らずで、23％がなんと10分未満。ただ２０００年代半ば以降、全体的に通勤距離が伸びた傾向はあります。それにしても、個人が自由に使える時間、「可処分時間」は日本より多く、ゆったりしているように思います。

　ドイツ支社などに赴任してきた日本の会社員の方なども、同じような印象を持つ方が多い。就業時間が終わると、さっと帰るので「日本と違って一日が二度あるような感覚がある」と感想を述べる人もいます。また、休暇が取りやすいという事情も加わります。多くの企業は30日の有給休暇を規定しています。しかもこれは病欠とはまた別です。こんな具合ですから、日本社会よりもスポーツを楽しめるような「時間環境」が整っているといえます。

【3】Jana Priemer, Holger Krimmer, Anaël Labigne（2017）.ZiviZ-Survey 2017 Vielfalt Verstehen. Zusammenhalt Stärken., EDITION STIFTERVERBAND:ESSEN 2017

【4】内閣府ＮＰＯホームページ（２０１８年12月20日閲覧）
https://www.npo-homepage.go.jp/about/toukei-info/ninshou-zyuri

【5】平成29年度 総合型地域スポーツクラブ育成状況
http://www.mext.go.jp/sports/b_menu/sports/mcatetop05/list/detail/__icsFiles/afieldfile/2017/12/28/1399744_01.pdf

【6】ドイツ連邦統計局ホームページより（２０１８年12月27日閲覧）
https://www.destatis.de/DE/Publikationen/STATmagazin/Arbeitsmarkt/2014_05/2014_05PDF.pdf?__blob=publicationFile.

第3章

だからスポーツで交流できる

ドイツのスポーツクラブは交流の場として機能している。それはドイツの都市設計にも関係しているのである。

親子でサッカー対決

1 多様な社交――西欧型の社会構造

「可処分時間」を快適に過ごせる環境づくり

ドイツの人々の毎日の生活を見ると、大人も子供も自分が使える可処分時間が日本よりも持ちやすく、のんびりしたり、家族との時間を過ごしたり、また趣味やスポーツなどにも時間をとれたりします。

町の作りかたも、人々の生活の中で、こういう時間を過ごしやすい環境を気にする傾向が強いです。いわゆる都市計画の話になるのですが、地方都市でも都市の全体像を見て、どこの地区に「世代交流できるところが足りない」とか「余暇のためのスペースが少ない」といったことをチェックし、それで対策を考えていきます。これで生活の質の高い都市を作れるのです。

私が住むエアランゲン市を見てみると、面積は約77平方キロメートル。公園など

森、緑地地帯もジョギング、散歩、ノルディックウォーキングなどの「余暇」空間だ。

「スポーツ、余暇、レクリエーション」に使われる土地が3・2%。「緑地」になっているところが1・7%。それから森がけっこう広く、約21%を占めます。森といっても日本だと「山」のようになってしまうところが多いですが、ドイツの森は平地です。「赤ずきんちゃん」や「ヘンゼルとグレーテル」といったドイツのメルヘンを思い浮かべるとイメージしやすいでしょうか。登場人物たちは「森」へは行きますが、「山」には登っていません。エアランゲン市の場合はこういう森が周囲にある構造なので、住宅地や市街地と連続していて、どこに住んでいても、森にアクセスしやすいのが特徴です。

ドイツの人々は散歩が好きなのですが、日曜日の森などは散歩にうってつけ。親子で、あるいはお爺ちゃん、お婆ちゃんも含む3世代で散歩する姿もよく見かけます。そして、ノルディックウォーキングやジョギング、サイクリングなどを楽しむ人も多いのです。

「スポーツ、余暇、レクリエーション」「緑地」「森」、これらはスポーツ・健康・生活の質に関わるところですが、合計すると、市内面積の4分の1ぐらいの割合を占めます。自治体はこういう市民の自由時間を意識した土地利用のあり方を大切にしているわけです。

社交機会が意図的にデザインされている

ドイツの都市ではスポーツや散歩などができるように土地利用しているだけではありません。実は意図的に人々が知り合うきっかけづくりも大切にしています。たとえば都市計画の範疇でいえば、区域ごとにコミュニケーションセンターが作られたりしています。

それから、社交機会は文化政策でも作られます。日本で「文化政策」というと一般的に馴染みが薄いですが、ドイツの町は昔から劇場を持っているようなところもたくさんあります。制度的にいえば「文化高権」といって、文化や学校は州の権限になっている点も大きいのです。

エアランゲン市の場合、文化政策の仕事として次の四つをあげています。

①市民に対して町の歴史への興味を喚起し、そのためのアーカイブを設置し、資料類の解釈をすること

②芸術を市民に提示できるようにすること

③周辺都市との協力関係を文化の面からも進めること

④都市性を演出すること

着目していただきたいのが④です。もっとも「都市性の演出」といってもピンと来ないかもしれません。これはドイツの「都市」について、簡単に触れて置く必要があります。

「都市」というと、多くの人は「人口が多い」「高層のビルがたくさん建っている」といったイメージをお持ちでしょう。しかし、厳密に考え出すと、定義づけは案外難しいものです。その点はドイツでも同じです。ただ、歴史的経緯から、日本に比べて、イメージがわりとはっきりしています。

というのもドイツの中世都市は外敵から都市を守る市壁で囲まれていました。つま

り建物を作ってから市壁を作ったのではなく、壁を作ってから中身を作ったわけです。すなわち最初に「この中を都市にします」と宣言しているようなもので、都市には建物も密集しますが、様式のようなものがあるわけです。建物にしても、都市に住む人たちにとって、誇りとなるような公共の建築物なども造られます。

さらに、独自で都市を運営しようということにもなってきます。そこで裁判権や貨幣の鋳造権などをはじめ、自治権を明らかにしていく必要が出てきます。極めつけは都市法といって、法律もありました。ちょうどひとつの国家のような形だったわけですね。そういうルーツがあるため、「ただ、人が集まっているだけでは都市ではない」という考え方もできてきました。

それから重要なことは、特に工業化がすすんだ19世紀、都市には工場が作られ、周辺から人が入り込んできました。量的に都市の膨張が起こったわけです。当時はすでに市壁は意味をなさなくなりましたが、そんななかでも、「ただ赤の他人がたくさん集まっているだけでは都市ではない」という考え方は残ります。

都市文化としてのスポーツクラブ

農村ですと、最初から人々は知り合いという前提です。特に日本の「田舎」を想像するとわかりやすいですね。「あの娘は、あそこの婆さんの孫」だとか、「彼は、だれだれの嫁さんの弟」といった緻密な人間関係のデータベースが共有されていることが想定されています。

そして村を維持していくためには、様々な管理の仕組みや、火事などの災害対策も必要です。日本の田舎の場合、住んでいると自動的に加入が前提になる自治会や消防団などの地縁組織がそれにあたります。

一方、都市は「赤の他人」が密集している場所です。赤の他人が密集している都市にコミュニティ的な要素を作るには、意図的に「出会いの可能性」を高めることが重要となり、文化政策の仕事のひとつになっています。

実際、ドイツの劇場などを見るとよくわかります。演目を観て「はい、おしまい」ではありません。新作の初演などは地元の政治家や企業経営者などのＶＩＰも招待されており、終演後は劇場内の大きな部屋で、シャンパンを片手にパーティが行われます。一義的には初演をお祝いする風景に見えますが、劇場の社交機能が際立って見える瞬間です。

そして、ドイツのＮＰＯなども「出会いの可能性」を高める役割を担っています。この中でスポーツクラブは大きな存在です。別の見方をすると、スポーツクラブも含

演目終了後の劇場のロビー。劇場は単に公演を観るだけではなく、社交の場所にもなっている。

むＮＰＯそのものは都市文化なのですね。こういう都市文化がベースになっているせいか、実はドイツには都市にも村にも地縁的な自治会がありません。消防団もＮＰＯです。

ＮＰＯは自分の意思で加入を決定します。脱会も自由です。それに対して日本における村の自治会などの地縁組織は「住んでいると入らなければならない」という半ば強制性があります。見方を変えると、普段から集団として人間関係を作っておくことで、困ったときなどに助けてもらえるという点はあります。しかし、引っ越さない限りは抜けられない。しかこれが「赤の他人の集まり」を前提にした都市的な組織か、それとも「生まれた時から地縁・血縁でつながっている」と想定されている村的な組織かの違いです。

こういう分け方で考えると、日本というのは高度経済成長期に、「人口だけ増えた」地方都市はたくさんできましたが、「赤の他人の集まり」という前提で意図的にコミュニティ要素のある都市にしていくという発想はどのくらいあったでしょうか。それでいて、住民たちの自治のやり方は村的な地縁組織型でやってきました。日本でＮＰＯに関する法律ができたのが１９９８年。20世紀の終わりに、ようやく地縁組織ではない都市文化型の市民集団を、比較的簡単に作ることができるようになったといえます。

社交はどういうところで行われているのか？

さてドイツでは「赤の他人の集団」が前提になる都市で、どんなところで社交が行われているのでしょうか？

文化政策の仕事のひとつが「知り合う可能性を高めること」であり、具体的には都市で行われる劇場やギャラリー、文化関係の施設などが社交の場所です。さらに文化関係のフェスティバルも中心市街地もフェスティバルやイベントの会場となり、社交機会を促進する場所になります。

中心市街地というのは、たいてい、その市壁に囲まれた都市が最初に作られたところです。重要な歴史的建造物や都市の歴史を象徴するものとして保全しているところもあります。しかし一般に時代を経るにつれ、市壁の外側に町が広がります。そして市壁はなくなっていたり、一部だけ残っていたりするところも多い。

それにしても、今日でもあとからできた町とは明らかに雰囲気が異なり、「中心地」として機能しています。ですからドイツの生活感覚からいえば、たとえば若者が「町へ友達に会いに行く」というと、たいていはこの旧市街地を指すようです。

ドイツへ旅行に行ったことのある方は思い出していただきたいのですが、旅行者が歩くところもたいていはこの旧市街地です。中世からあるような建物も定期的にリノベーションが行われ、外観はそれこそ「おとぎ話に出てきそう」な雰囲気や「中世の佇まい」が残ります。

戦後はこの中心地の自動車通行を制限したところもけっこうありました。そして広場が必ずあり、お店や飲食店もあるので、買い物に来る人も多い。ですから人口1万人ぐらいの自治体でも、歴史的な旧市街地のあるところは今も自治体の「へそ」。平日の昼間でも人で賑わっています。文化関係のフェスティバルなども、こういう旧市街地で開催されることが多いのです。

私が住んでいるエアランゲン市も中心地のメインストリートは歩行者ゾーンになっており、広場や貴族が作った広大な庭園があります。自動車も入ってこないので、さしずめメインストリートなどはお店や飲食店もある「長細い公園」といったところでしょうか。もちろんフェスティバルやイベントのときは普段以上に賑わいます。またマラソン大会などの会場に使われることがあります。

ここまで書き進めると、旧市街地には、様々な役割があることが見えてきます。まず町の歴史を語る建物がたくさんあるため、「町を象徴する雰囲気がある」、そして「友達と会ったりするときに気軽に行くところ」であり、「買い物や飲食ができる」という機能がある。そして文化やスポーツのイベントも行われることから「青空公民館」のような場所なのです。

面白いのは選挙運動や社会運動、デモなどが行われるのも旧市街地ということが多い。

選挙運動などは日本と違い、各政党が広場に自分たちのブースを作り、ビラを配ったりするほか、候補者や政党スタッフが町を歩く人々と対話を行います。ちょうど「政党メッセ」のような雰囲気でしょうか。10代の若者や、髪の毛をカラフルに染めたパンクルックの若者も気軽に政党のスタッフと話をしたりしています。こういう様

選挙運動が展開されるのは市街地。対面で話をする。日本の選挙運動とはかなり異なる。左から2番めのサングラスをかけた青年は市議。(エアランゲン市)

子をひとことで言えば、旧市街地が公共の政治言論の空間にもなっているわけです。

また、社会運動やデモも、旧市街地で行うと「見てくれる人」が多い公共空間だから効果があるわけです。かつての学生運動のイメージがある方などは、デモといえば火炎瓶を投げたり、機動隊と衝突したりするような風景を思い描くかもしれませんが、ドイツでは一般にもっと穏やかです。都市の中で意見を示し、市街地を歩く人たちにもシェアしよう。そういう雰囲気です。

つまり公共性の高いメディア機能が旧市街地にはあるわけです。そしてたまたま通りがかった人でも興味があれば、デ

若者による人種差別反対のデモ。市街地は意見を示し、共有する元祖SNSのような空間だ。（エアランゲン市）

モに参加している人たちに簡単に声をかけ、話をしたってかまわない。

　Facebookを使っている方ならおわかりいただけると思いますが、市街地のデモは、公開設定でなんらかの意見を述べるのと似ています。そのデモが発している意見は何か、それはプラカードや叫ばれているスローガンなどから誰でも知ることができます。賛同する人は、デモに対して「いいね！」のサインを送るだけでもいい。デモに参加している人に話しかけるのは、コメント欄に書き込むようなものです。

　ともあれ、旧市街地そのものにたくさんの機能があるわけですが、その中のひとつに、赤の他人同士が「知り合う可能性」を高める空間になっているのがおわかりいただけるでしょう。

公共空間とは何か？

文化施設や旧市街地が「赤の他人」同士が自由にやってきて、知り合う空間になっているのがドイツの町ですが、こういうところを抽象的な言い方をすれば「公共空間」と呼ぶことができます。

「公共」という言葉に着目すると、日本でも２０００年代にはいって、よく聞かれるようになりました。鳩山内閣（２００９～２０１０年）が「新しい公共」を打ち出したことは、覚えている読者諸氏も多いことでしょう。

ドイツで「公共」じたいは18世紀からある言葉で、しかも時代によって、捉えられ方も変遷しています。また複雑な議論もたくさんあります。しかし、本書でおさえておきたいのは、二つの特徴がある空間ということでしょう。

まずは、先ほど旧市街地の様子を紹介しましたが、「誰に対しても開かれていて、自由にアクセスできること」という特徴があります。面白いのがドイツ語の「公共」という言葉。Öffentlichkeit（オッフェントリッヒカイト）といいます。日本語の母語者には、なかなか発音しづらい単語ですが、スペルの頭のほうを見てください。語源的にいえば英語の「オープン（open）」という意味が入っているんです。「公共」の本質的な意味がわかるような気がしてきます。

二つ目は、「誰にでも開かれている」ということは、自由意思で率先的な活動が誰でもできるということを意味します。生活のなかの開かれた「公共」の空間とは都市そのものがそうです。その象徴的なものが旧市街地ですね。

少し古い言葉ですが、「都市への権利」という概念もあります。都市に住むすべての人々が、都市生活をどのように形成するかを決定する権利を持っており、それを保証することといったような意味です。ドイツの憲法にあたる「基本法」でクラブや、なんらかのグループを作る自由、それに意見を述べる自由を謳っています。これも公共空間と親和性がありますね。また、この感覚はいろいろなところで見出せます。たとえば、日本でＰＴＡの役員選びは大変だと聞きますが、ドイツの様子を見ると、問題を感じている人が「志願」するケースがよくあります。ボランティアには「志願」という意味があります。

日本に目を転じると、「公共の場所にあるものは大切にしましょう」「公共の場所では他の人に迷惑をかけないようにしましょう」といったようなことはよく留意されます。それは大切なことです。しかし「開かれている」からこそ、率先的な活動をしてもよいということはあまりいわれることがない。

このように見ていくと、ドイツの場合、旧市街地があることで「公共空間」が空気のように人々のあいだで理解され、そして「赤の他人」との接し方を覚えていくような気がします。

日本でも公共という言葉がありますが「行政的」とか「国がやるもの」といった意味で使われることが多く役所や政府などから降りてくるものだったわけです。役所や政府のことを俗語で「お上」と呼びます。その感覚ともよくあいます。

それに対して、ドイツの旧市街地を通して見えてくる「公共」とは都市の市民が誰でも出入りできて、誰もが問題提起やイニシアティブをとれる領域をさしています。言い換えれば、自分たちで作るものという感覚がある。「お上が用意するもの」という日本の「公共」観とはまるで逆です。こういったことも日本とドイツ、「公共」のあり方の違いとして出てくるのでしょう。

2　ソーシャルアクションとしてのスポーツ

誰にでも開かれた組織であるスポーツクラブ

スポーツクラブとは「草野球のような同好の士の集まりである」、と定義してしまうと、いかにも自分たちで楽しみとしてのスポーツを行っている感じがします。それは間違いではないのですが、一方で「社会的組織（＝ＮＰＯ）」として法人格を持っています。社会での位置づけや、組織として高度になってくると、「同好の士が集まってスポーツを行う」という組織であっても、集団としての理念や目標があります。

たとえば私が住むエアランゲン市の最も古く、約７０００人のメンバーがいるクラブ「ＴＶ１８４８エアランゲン」を見てみましょう。名称の数字から１８４８年に設立されたのがわかります。

スポーツクラブの運営といえば無給、あるいはわずかな報酬でのボランティアで行われるケースがほとんどです。しかし、このぐらいの規模になると、管理部門で、半日や終日、有給で働いている人が数人います。また同クラブはドイツオリンピックスポーツ連盟と協同組合銀行フォルクスバンク・ライファイゼンバンクが共同で創設している「スポーツの星」賞などを受賞。ドイツでもトップクラスのクラブのひとつです。このクラブが「あるべき姿」として掲げている文書を整理すると四つに分類できます。

①歴史と実績への自覚
市内最大・最古のクラブで、卓越した伝統を誇り、かつ様々な受賞歴もある革新的なクラブである

②信頼性の高い組織
当クラブは市や州のスポーツ連盟等のスポーツ団体に所属する組織である。スポーツ施設を貸し出すこともあるため、顧客や、協力パートナーのための信頼できるパートナーであること。また「従業員」のための信頼できる雇用者であること

③都市社会に欠かせないサービス供給者
競技、レジャー、フィットネス、健康スポーツを提供し、エアランゲン市の社会に

おいて、生活文化の一部として不可欠な組織である

④開かれた連帯的コミュニティ

人種主義や差別に反対し、年齢、宗教、経歴、国籍に関係なく、誰にでも開かれている。そしてわれわれは寛容、社会的、連帯を重視したコミュニティである

①歴史と実績への自覚、②信頼性の高い組織、この二つは組織としての規模と歴史を表し、組織として高度化していることを示しています。営利企業でも業界団体や従業員、顧客、投資家、ビジネスパートナーにとって信頼しうる組織であるかどうかは大切になってくるのと同じですね。

重要なのが、③と④です。スポーツクラブが公共空間の中で、誰にでも開かれた組織であることを掲げています。それぞれを少し詳しく見ていきましょう。

③の「都市社会に欠かせないサービス供給者」の部分を見ると、エアランゲンの都市社会で、生活の質を支える役割を自認しているのがわかります。実際、普段からスポーツクラブのみならず、ＮＰＯが行政主催のイベントなどに参加するケースも多い。さらに、行政が何かしらの課題を推進していく場合、その予算案を作る過程でＮＰＯが会議に加わっていることもあります。そうかと思えばＮＰＯ側の発案で政治や

企業、行政との協力体制を作っていくケースもまたあります。

こういうことが日常茶飯事なので、今さら日本のように行政とNPOの「協働」といったことを声高にいう必要がありません。言い換えるならば、NPOなしでは、都市が成り立たないのではないかとさえ思えてくるような状態です。
④「開かれた連帯的コミュニティ」という定義は、誰もが自由に出入りできる公共空間の中に組織があることを示しています。さらにコミュニティとして重視している価値として「寛容」をあげています。そして人種主義や差別に反対する「誰にでも開かれている」組織であることがわかります。
それから「社会的」であること「連帯」という言葉もはいっています。この二つの言葉は日本から見ると馴染みのない概念ですので、説明が必要でしょう。

重要な「社会的」と「連帯」

「社会的」と「連帯」は多くの専門家による議論のある概念ですが、できるだけシンプルに書き進めていきましょう。

社会的というのは、ドイツで聞かない日はないといってもよい単語です。ここでいう「社会」とは「平等な関係の人間交際の総体」ぐらいの理解でよいと思います。ドイツにおける「社会的」というのは、「人間の交際」以上に「助け合い」といった意味が入ってきます。「利益社会」が進むと、時として「優しさ」が消えていくようなところがありますね。これを補う部分が「社会的」という概念です。そして具体的にどのように「優しさ」をつくっていくか、それが「連帯」です。個人個人が連帯することで、困っている個人を手助けするという理屈です。

ですからドイツで「社会的」の意味のひとつに社会保障をさします。また失業保険や年金などは個人個人の「連帯」によって、お金をプールし、病気や高齢で個人の責任とはいえない理由で働けなくなった個人や貧困にある人を助けるという理屈です。

「なるほどなあ」と思うのは、たとえばスーパーマーケットでの風景。

ドイツは「サービス砂漠」と呼ばれることがあります。日本の基準から見ると、お客さんに不親切なことがけっこうあるんですね。しかし、スーパーマーケットのレジで、おばあさんが小銭を出すのに苦労しているとします。すると、店員さんはさっと手伝います。これは「サービス」ではなく、個人が連帯して、困った個人を助ける。「連帯」が習慣化しているといってもいい。町で車椅子やベビーカーの人が困っているとそばにいる人たちが、さっと手伝ってくれます。こういった行動も「連帯」が働いているのでしょう。

連帯と絆は違う

日本ではこのような助け合いが起こるような人のつながりは「絆」と呼ばれます。連帯とどう違うのか、少し細かい話ですが進めていきましょう。連帯と似て非なるものだということが見えてくると思います。特に東日本大震災のときは「絆」の大合唱でした。

絆の語源を見ると、もともと馬や犬などをつなぎとめる綱をさします。現在使われている意味では「断つに忍びない恩愛。離れがたい情実」（広辞苑第3版）ということになります。また「絆し（ほだし）」というと、逃げようにも逃げられない、自由に動けないようなさまをいいます。誤解を恐れずにいえば、絆で結ばれると、義理や人情を理由に永遠に束縛されてしまいそうなニュアンスすら見えてきます。こうなるとしんどい。また「親子の絆」などというと、美しいニュアンスで使われがちですが、裏を返せば切っても切れない血のつながりを強調していることも少なくないです。

このように「連帯」と「絆」を並べてみると、「個人と個人をつなげる〝連帯〟」「地縁・血縁をベースにしたつながり〝絆〟」というふうにも重なってみえてきます。

また日本の部活では、感情的に深く結びついた「仲間」を理想とする傾向が強い。これも「連帯」というよりは「絆」をイメージしているからかもしれません。

日本を見ると、最近少しずつ変わってきているようではありますが、駅などの「公共」の空間で、妊婦さんやベビーカー、車椅子の人たちに対して、ごく自然に手助けをするのがけっこう苦手です。意地悪な見方をすると、地縁・血縁でつながっていない赤の他人には絆を感じないからかもしれません。

また戦後、「個人主義」という概念は強調され、広がりましたが、他の個人とどう関係を結ぶのかということは、あまり触れられることはありませんでした。そのせいか、貧困などに対しても「自己責任論」のほうが強くなりがちです。また「連帯」という言葉そのものは知られてはいますが、労働運動で「労働者の連帯」や借金の「連帯保証人」。あるいは厳しい体育会系などで「連帯責任」といったかたちで使われることがほとんどです。

スポーツクラブの家族割引とは連帯である

とあるスポーツクラブの会合でメンバーに課する会費が議題にあがったことがありました。メンバーシップの料金体系には、家族で入ると割引されるようにもなっていました。会費値上げ案には、この家族割引も含まれていました。すると一人がすっと手を挙げ、発言をしました。

「連帯でもって、家族の負担を軽くするのが本来ではないか」。

お子さんがいる方は実感されている方も多いと思いますが、子供がいると学費や養育費など諸々必要で、経済的負担が当然あります。しかし、そういう状況にある家族でも、気軽にスポーツなどができる状況が社会の「あるべき姿」です。この実現には、家族メンバーの会費の一部を、他の個人が連帯して負担しようではないかということです。

日本の携帯電話の料金メニューなどには「家族割引」などがありますが、十中八九、営利動機でマーケティング的な検討の結果の料金制度でしょう。しかし、ドイツのスポーツクラブの「家族割引」は「連帯」による社会的公正を実現する制度になっているわけです。

このように見ていくとスポーツクラブじたいが恒久的なソーシャルアクション組織になっていることがわかります。

人種差別への働きかけ

ドイツのスポーツやスポーツクラブについて理解していくと、スポーツから倫理的な規範を実際の社会へ働きかけ、その働きかけで社会における倫理的規範を高めようという流れがあることに気が付きます。

もっとも歴史を顧みると、スポーツそのものはその時代や状況に応じた意味や役割が付され、利用もされています。たとえば戦時中のドイツでは、優れた身体能力と規範を持ったスポーツマンに、卓越した兵士像を重ねて見られていたこともあります。また日本のいわゆる「勝利至上主義」のスポーツなどは戦後の復興と経済成長といった上昇志向の強かった社会背景とうまくマッチしたのでしょう。その国のスポーツのあり方を見ると、国の状態がある程度読み取れるといっても過言ではないと思います。

現在の世界的な方向としては、サッカーなどを見ていると、スポーツを通して社会の倫理的な規範を高めようとする傾向がしばしば出てきます。とくに人種差別などに対して、意識的に動きます。

こういうことは日本でもありました。たとえば2014年3月にJリーグ・浦和レッドダイヤモンズのサポーターグループの一部が、試合会場・埼玉スタジアムの浦和サポーター席へ入るゲートに「Japanese Only」という横断幕を掲げたという事件がありました。「日本人以外お断り」とも取れる差別的表現と判断され、Jリーグは「無観客試合」という重いペナルティを課したことがありました。

同年の8月には横浜F・マリノス対川崎フロンターレ戦で、横浜F・マリノスの男性サポーターがバナナを振って大きな問題になりました。バナナはサルの好物で、「お前はサル」だと、アフリカ系の選手に向けた人種差別の象徴になっているわけですね。

サッカーにおいて特定の人種に差別的な行為がみられるようになったのは1970年代からです。欧州でアフリカ系の選手が活躍するようになったことが背景にありました。近年でも人種差別がたびたび起こることを受けて、欧州サッカー連盟は人種差別に対する罰則規定をより厳しくしています。

ドイツでもサッカーにおける人種差別が全くないわけではありません。しかしそれ以上に人種差別や同性愛嫌悪に対する反対キャンペーンがかなり熱心に行われています。こういった人権問題への働きかけは、何もテレビ中継されるような大規模な大会組織だけが行うものではありません。地域の複数のスポーツクラブが連盟で「人種差別」に対するキャンペーンを行うことがあり、子供や若者が日々トレーニングをし、試合をするような地域のクラブのサッカー場に横断幕が張られています。

日本から見ると、ドイツは人権問題に対しての意識が強く感じられます。近年における大きな理由のひとつに日本よりも、はるかに「移民国家」の様相が強いという点があるでしょう。第1章でも触れましたが（13ページ）、私が住むエアランゲン市などは18％程度が外国人です。私などもこの中に入るわけです。

これぐらいの比率があると、アジア系の私が市街地を歩いてもそれほど浮いたりしません。さらに日本では聞き慣れない分類に「移民背景」というものがあります（14ページ参照）。ドイツ国籍でもルーツが外国だとか、伝統的な「狭義のドイツ人」とは違うドイツ人が増えている。国際結婚や移住が進むと、当然そうなります。

そのような事情から、外国にルーツを持つ市民と社会的にどのようにうまくやっていくかが継続的な課題になっています。

難民がやってきた

2015年には過去最高の200万人の移住者がドイツにやってきました。報道でご覧になった方も多いと思いますが、その多くが難民です。戦争や紛争のため、中東・アフリカからやってきた人たちです。彼らを実際に引き受けたのは自治体です。私が住むエアランゲン市でも翌年6月の段階で1300人を数えました。

ドイツに住む人々の中には、難民が自分たちの住む町にやってくることに嫌悪感を示す人もいます。それにしても、戦争と難民はセット。エアランゲン市を見ても第二次世界大戦後に大量の難民が流れてきています。何代か遡れば先祖は難民としてやってきたという人もいます。そんな歴史があるため、非欧州系外国人の私から見ると、なんだかんだいって、ドイツ社会は「難民慣れ」しているようにも見えます。それにしても今回の大量の難民は、非キリスト教圏の人が多いという問題もあります。

難民の人たちは、言語も異なり、慣れない環境に来ています。そのため、どのように生活を確立していけるかは大きな不安材料です。

難民を受け入れる側も同様です。「歓迎文化」を強めよう、ということがよくいわれ、多くのボランティアも活躍します。しかし彼らにそのまま生活の支援をするだけではいけないのです。自分たちで稼ぎ、生活し、ドイツ社会とうまく統合していく必要があります。もちろん一筋縄ではいきませんが、「難民慣れ」に見えるのは、「自立してもらおう」という考えの支援が散見される点です。食糧支援として魚を提供するのではなく、魚を釣る方法を獲得してもらおうという考え方ですね。

そんな状況の中、「スポーツ」も動きます。たくさんのクラブが難民たちへの運動・スポーツの機会提供を行いました。こういった活動は新聞などでも報道されますが、自前のホームページなどでも難民への協力を表明するようなところも散見されました。スポーツクラブが「ソーシャルアクション」の主体として動いている様子が浮かびあがってきます。

人間というものは不思議なもので、長い時間、共通体験をすると、精神的な距離が縮まる傾向があります。とりわけ運動やスポーツといった、身体を使うものは精神的な距離が縮まるのも早い。そのうえスポーツは何らかの損得が関わるようなものではありません、それこそ公平に、そして相互尊重に基づき、一緒にできることです。難民の人々にとっても運動やスポーツはストレスや不安を和らげることに繋がります。

そういう観点からいえばスポーツは異文化間の容易な交流が期待でき、クラブは社会的統合を持続的に行うことに大きく貢献するというわけです。そしてスポーツクラブ側からいえば、これも「困窮状態にある人」を手助けする「連帯」です。実際クラブ側もこの連帯の概念を使って、難民支援の根拠を示しているところもあります。

女性問題にも踏み込むスポーツ

外国系の市民が増えたドイツですが、それとともに、ムスリムの女性たちを見ることも珍しくなくなりました。ご存知のようにこの女性たちは肌の露出を避けた服装が必要で、見知らぬ男性と一緒に行動するといったことができません。こういう宗教的戒律に対してどれだけ厳しく律しているか、ゆるやかにしているかは各自異なりますが、それにしても簡単なスカーフをつけるだけでもスポーツ活動をしやすいとはいいがたいです。

ムスリムの女性たちは、宗教に基づく生活環境から、自転車に乗ったこともない、泳いだことがない、スポーツをしたことがない、といった人も少なくありません。これでは全体的な健康問題も出てきます。

私が住むエアランゲン市ではモデルプロジェクトとして、こうした女性を支援する「BIGプロジェクト」というものが行われています。「BIG」とは「健康の投資としての運動」というドイツ語を短くしたものです。社会的弱者の女性が対象ですが、その多くがムスリムの女性たちです。水泳、自転車、ヨガ、ダンス、フィットネス・プログラムのズンバなどのコースが用意されています。その他にも朝食会などが行わ

BIGプロジェクト10周年記念のイベント。(2015年)

れます。

このプログラムによって、健康促進という効果はもちろんですが、宗教的に厳しい家庭の女性は、自分たちの意見を表明するという態度を基本的にとりません。これに対してコースのやり方などを決めていくときに、自分たちの意見を述べ、コースに反映していくということができます。

ドイツはデモクラシーを基本とした国です。すなわち市民の同意と参加に基づき、市民によって国を運営していくことを理想とした国です。いわゆる「民主主義」と翻訳されているものです。この理想を健全なものにしていくには、自分の意見の表明は重要です。だから公共空間では誰でも問題提起やイニシアティブを起こしてもよい、ということと噛み合う。そして、この国（ドイツ）で生活していく限りは、自分の意見を表明する態度が大切で、そのための教育も重視されている。スポーツにもまた、そういう役割が付されているわけです。

社会的弱者の女性支援を行う「ＢＩＧプロジェクト」の話にもどりましょう。このプログラムはエアランゲン市によるものですが、発端は２００５年。エアランゲン大学のスポーツ・サイエンスが行った研究でした。

当初大学のプロジェクトとしてスタート。現在は同市内のスポーツクラブや州スポーツ連盟、同市のスポーツ部のほかに、市内の「市民学校」の三つが協力しあっている「ソーシャルアクション」です。ちなみに「市民学校」とは日本にないものなので想像しにくいのですが、簡単にいえばドイツで20世紀初頭から始まった安価で受講できる生涯学習機関です。

外国系市民との社会統合について、継続的な議論や取り組みが行われているドイツですが、このプロジェクトを見ていると、行政、教育機関、スポーツクラブなど地域全体で社会的な課題に対し、スポーツという切り口から取り組んでいる様子がうかがえます。またスポーツクラブと行政の「協働」は珍しいことではないと、先述しましたが、このプロジェクトもその一例です。

外国系の市民や人種差別、ムスリム女性の問題に対して、スポーツクラブはどのように取り組んでいるのか紹介してきました。これらの「ソーシャルアクション」は、「寛容」や「社会的」「連帯」といった概念を根拠にしていますが、その中心にくるのが「人間の尊厳」です。いうなれば社会的統合とは異文化や異なる宗教を持つ人々と一緒に、「人間の尊厳」を軸にした秩序を作り直すプロセス。そんなふうに理解することができるでしょう。ハンディキャップを持った人に対するスポーツも「人間の尊厳」を軸に展開されています。

3 ドイツの若者が大人っぽい理由

堂々と意見を述べる教育

欧米の若者は大人っぽいといわれることがあります。逆に、ドイツから日本へ留学した人は、日本の学生が子供っぽいと感じる人もいるようです。

何をして「子供っぽい」「大人っぽい」と区別するのかは難しいところですが、さしずめ「堂々としている」「自分の意見を述べることができる」といったあたりを手がかりにすると、ドイツの学生がなぜ大人っぽくみえるのか、ある程度説明がつきそうです。

まず、ドイツの教育はとにかく「喋る」ことに小学校から重点をおいています。発言の有無が成績にもつながるため、堂々と意見を表明することが「ごく普通」に身に付いてきます。もちろん喋る中身は玉石混交。つまらないことを喋る人もいます。

しかし同時に、どんなくだらないものと思われる内容でも発言できること、そしてそれが排除されないことが徹底されています。ドイツはデモクラシーを基本にした国です。そこで大切なのは他者との自由な議論ということになりますが、その土壌が小学校から作られているわけです。

一方、「自由すぎて」、学級崩壊のようになっているケースもあるようです。デモクラシーには「自由な意見の表明」ということは大切ですが、きちんと他者との建設的な対話にまでもっていけるようにするには、なかなか難しいということかもしれません。

それにしても、堂々と自分の意見を表明する態度があるかどうか。これは大人っぽく見えるか、子供っぽく見えるか、ということのひとつのカギになりそうです。この「自由な意見の表明」は、ドイツの都市的な人間関係の築き方ともうまくあっているように思います。

どういうことかというと、「赤の他人同士が密集した」都市的な人間集団では、基本的に「私は誰々で、こういう考え方の持ち主です」と一から説明しなければならない。そのせいか、ドイツの人々の説明はしばしば丁寧すぎるように感じることがあります。「相手はわかっていない」という前提で話すことが多いからでしょう。

それに対して、「生まれた時から地縁・血縁でつながっている」と想定された村的な人間集団では、個人の説明はいらない。そればかりか、こういう集団では「人間関係の秩序、権威」のデータベースを皆持っていることが大前提です。そして個人の自由な意見の表明をすることで、秩序を壊してしまう可能性すらある。そういう秩序を過剰に気にしすぎると、意見を表明するどころか、空気を読み、強い忖度という形で全体が自動的に動くことになります。

スポーツクラブはデモクラシー教育の場

実はスポーツクラブはデモクラシー教育の場としても位置づけられています。それに対して日本でのスポーツクラブの議論を見ると「勝利至上主義ではなく、人々の趣向・レベルに応じたスポーツ」「生涯スポーツの場として」「地域内での多世代の交流」といった文言が並びます。日本から見ると「デモクラシー」という言葉は大げさに感じる人がいるかもしれません。あるいは、スポーツとどういう関係があるのだ、と思う方もいるでしょう。デモクラシー教育の場としてのスポーツクラブについて触れる前に、こういう発想が出てくるドイツの背景について見てみましょう。

ここまで読んでくださった方なら気付いていらっしゃるかもしれませんが、ドイツの社会はカギになる概念をベースに現実を組み立てていこうとする傾向があります。それらは法律とも整合性があります。

ドイツで取材やリサーチを重ねていくと、どんな取り組みでもたいてい、法律でも明記されている人間の尊厳やそれを支える諸概念を軸にデザインされている。スポーツクラブが組織としてどんな自己像をもっているのかを77～89ページで紹介しましたが、ここでも連帯とか社会的といった概念が出てきます。スポーツクラブは国の基本的な価値観とも整合性のある概念でできた構造物であるのです。ですから人種差別などにも敏感に反応していきます。

そして、日常に目を転じると、これらの概念は新聞などの記事にもよく使われますし、地方の政治家でもよく使います、自治体のなんらかのキャンペーンや、学校の倫理の授業などでも、さらりと出てくる。日常の言葉なんですね。

対して日本の日常的な言葉を見ていくと、「寛容」とか「尊厳」「民主主義」などといえば、大げさに感じる。でも、それはある程度仕方がないところがあります。このあたりのことは翻訳学者・柳父章さんの著書『翻訳語成立事情』で詳しく書かれています。これを参照しながら進めていきましょう。

なぜ日本でこれらの言葉が大げさに感じられるのか。これらの概念のほとんどは欧米から「輸入」されたものだからです。「社会」という言葉もそうで、日本にはもともとなかったものです。だから先人は訳語を作るのに苦労しています。そして、これらの訳語はまず、知識人が使うかたちで広がりました。さらに左翼運動などを行っている人たちもよく難しい外国の概念を使いました。

これらの概念は「もともと日本語に直訳できない外国語」であり、「知識人から使い始める」ことから、日本の日常語としては、どうしても馴染みにくいわけです。「個人」「寛容」「平等」「自由」といった言葉を見てもわかりますが、すべて漢字です。日本語において、上等で知性を感じ、より公的なイメージのある言葉や名称は、しばしば漢字だらけになるか、外国語をそのままカタカナ表記することが多い。

もちろん、わざわざわかりにくい書き方をする必要はありませんが、概念で組み立てる知的営為が脆弱になると、はっきりした軸が作れず、スローガンや耳障りのいい表現だけがふわふわ浮いたような状態になるように思えてなりません。一時期、日本での会議などで、概念で説明をしようとすると「具体例をいえ」ということがよく指摘されていたと聞きます。もちろん適宜、具体的な説明や例は必要ですが、「具体例」だけでは、「構造物」としての制度や組織、サービスを作るのは難しいと思えるのです。

一方、これらの難しくて上等に見える概念は、もともと「欧米」で発生してきたものであり、歴史的記憶が伴うものです。それゆえに今日のドイツの人々にとって日常の延長にある言葉であるということはいえます。

さらに、見るべきはこれらを理解できるようにする教育もある。特に高等教育を受けた人などは、倫理や歴史などの授業で、こういった諸概念について、かなりきちんと勉強しています。たとえば、テストなどでも「自由」について書けというのが「問題」で、A4の紙に5~10枚程度の文章を書きます。自由の概念は哲学者たちによって論じられてきましたが、これを理解して書かなければいけないわけです。ドイツの若者が大人っぽく見えるのは、ただ、意見を表明するだけではなく、こうしたドイツの社会・政治を成り立たせている諸概念を学んでいることも大きいのでしょう。

地方こそデモクラシーの中核

なぜ、ドイツの若者が大人っぽく見えるのか。それは、ひとえに教育にありそうです。「堂々と自分の意見を表明する」教育を受けていることに加え、高等教育を受けた人になると、ドイツの政治や社会を成り立たせている諸概念をかなりきっちり勉強している。

では、なぜそういった教育を行うのかというと、そういう国民がいることで、「デモクラシーを基本においた国」が成り立つからです。デモクラシーというのは、思いのほか脆弱です。だからデモクラシーの健全性を維持できるような仕組みが大切だということでしょう。

それで、ドイツでは「地方こそ、デモクラシーの中核」といった位置づけにしている。まず住んでいるところの地域社会に参加し、きちんとデモクラシーに沿って、物事を決めていこうということですが、「地方分権」という国の形とも整合性がありますね。

地方を見てみると、実際にデモクラシー教育を行うところもたくさんあります。家庭内もそうかもしれません。学校などは明らかにそうです。成人向けにもそういう教育機関もある。そして、地方にもたくさんあるスポーツクラブも「デモクラシーの学校」として位置づけられています。

クラブは「民主主義の基礎集団である」という意見を述べていらっしゃるのが元ラグビー日本代表監督で早稲田大学の教授でもあった大西鐵之祐さん（1916～1995年）。その著書『闘争の倫理　スポーツの本源を問う』（鉄筆文庫　2015年）で繰り返し出てきます。

大西さんがいうクラブはイギリスを見ながらのものですが、示唆的な表現がたくさん出てきます。

たとえば、スポーツの有名選手だからジェントルマンというわけではなく、その選手が「ジェントルマンのクラブに長年いるということによってジェントルマンが保証されている」。あるいは、そういうクラブのメンバーとして生活しているうちに「社会的生活に必要な愛情、善意、公平、規律、忍耐、正直、寛容等の諸徳性とその行動と態度と、自ら社会を築くことができるのだという信念をつくりあげていく」といった具合です。「民主主義社会が強固な結合を持つためには、その基礎集団が健全でなければならない。何となれば、民主主義とはイデオロギーや思想ではなく人間の社会生活の様式」だからとも述べています。

今日のドイツを見ると、単純にスポーツサービスとしてクラブを利用するだけの消費者的なメンバーも増えています。またクラブによってはそういう「需要」に応えているようなところもあります。それにしても今日でもクラブは大西さんが述べるようなデモクラシー教育の場所です。そしてスポーツクラブの組織原則のひとつは「デモクラシー」です。

そういう組織で子供たちは、人の意見に耳を傾け、自由に発言するという振る舞いを学ぶというわけです。ただ、私の見聞の範囲でいえば、そういうことは学校でも学んでいるため、スポーツクラブの特殊性としては見えにくい。ドイツ社会全般を見ると、あまりにも当然すぎることなのです。

スポーツ文化から見ると納得できる

では、「当たり前に見えるもの」の独自性をきちんと見る方法は何か？　外国などの異なる価値観の世界から見てみると浮かび上がってきます。外国という「火」によって、これまで見えなかったものが見えてくる「あぶり出し効果」といったところでしょうか。

たとえば、90～93ページで紹介したムスリム女性を対象にした取り組み「ＢＩＧプロジェクト」を再び見てみましょう。

宗教的理由に基づく生活環境や家庭内で、ムスリムの女性たちは自分の意見を表明し、社会参加するにはハードルが高い人が多い。それに対してＢＩＧプロジェクトでは、参加者が皆で話し合いながらコースの実際の進め方を決めていきます。また運動にしても参加する前は「したこともなかった」という人さえいますが、コースでは実際に体を動かす。運動をすると気持ちが前向きになりやすいものです。運動の機会が増えると次第に、積極的になっていく人もいます。

ここで、少し想像力を働かせると、おそらく彼女たちは、コースに参加したとたん、自分の希望や興味を表明しなければならないことになる。これは大きなカルチャーショックだと思います。

いずれにせよ、プロジェクトの参加者は、他者と交流することを学び、デモクラシーによる政治的な意思決定をよりよく理解していきます。そして何よりも彼女たちの自信を高めることにつながる。ひいては、地方レベルでの政治的プロセスを知り、理解していくことにもつながります。彼女たちにとってみると、結果的にドイツ社会を理解し適応していくことになります。裏をかえせばドイツ社会にとっては、社会を一緒に作る一員が増えるかたちです。場合によっては、他の外国人を既存のドイツ社会とつなげていくようなことを手伝ってくれるかもしれません。

また、創造性とは異なる価値観がぶつかったところにおきやすいという傾向もある。異なる文化圏の人がドイツ社会に適応することで、ドイツ社会そのものにダイナミズムが生まれる可能性も出てくるわけです。

さて、ここでもうひとつ。スポーツクラブはなぜ、デモクラシー教育の場所であるのかということを、日本のスポーツ文化と比べながら考えてみましょう。

日本のスポーツ文化をひとことでいえば、「体育会系」です。その特徴には「指導者の強すぎる権威」があり、「先輩後輩システム」という序列原理があります。もっとも実際には学校や部によって、ゆるやかであったり、厳しかったりと様々でしょう。しかし、あえてここで厳しい体育会系組織を考えてみましょう。

硬直的な体育会系の部活には、先輩には絶対服従といった、軍隊を思わせる雰囲気が強いはずです。そういう中で「堂々と自分の意見を表明する」という振る舞いをする1年生がいると、おそらく「後輩なのに生意気だ」と発言を封じられるのではないか。場合によっては同級生からも「空気を読め」と非難される可能性すらある。こういう状況では当然、デモクラシーが成り立ちません。

一方、ドイツのスポーツクラブは伝統的に平等性を強調する特徴があります。このように対比すると、スポーツクラブのデモクラシー教育機能が浮かび上がってきます。

第4章

だからドイツのスポーツではいじめがない

ドイツのスポーツクラブではいじめがない。
体罰やしごきもない。
日本ではなかなか考えられないことである。
なぜ、いじめや体罰がないのか、
その真相に迫ってみよう。

試合前のエール

1 ドイツでいじめが発生しにくいのはなぜか

いじめの発生環境から考える

いじめというのは、人間関係がある限り、おそらく世界中で発生するものでしょう。特に競争を煽られる状況ではいじめが出やすいものです。そして、子供から大人まで、どの年齢でもいじめは起きます。

ドイツでも学校や職場、それに最近ではSNSなどをつかっての「ネットいじめ」も出てきます。そして、スポーツクラブでの発生もないわけではありません。

いじめとは、個人の社会的関係から自尊心といったものに対し、繰り返し攻撃し、傷つける暴力です。被害者は肉体的にも精神的にも健康状態を崩し、最悪の場合、自死に至ることがあります。スポーツクラブなどは最初からメンバーの幸福が目的の組織です。いじめはまるで逆のものです。

ここでは、「いじめ」はどこにでもあるという前提で話を進めますが、それにしても、構造的にいえばドイツのほうが、日本よりもいじめが発生しにくいといえるでしょう。

たいていのいじめは、繰り返されます。頻繁に顔をあわせる環境にあるから繰り返すことができるわけです。言い換えれば、密な人間関係が毎日続くことがいじめの発生環境を作っているとも考えられます。思い出していただきたいのが、50～53ページで紹介した日本の「タコツボ型」の環境です。長時間、学校にいるという状況は、いじめが発生しやすい構造といえるのではないでしょうか。

さらに、「先輩後輩システム」に着目すると、中学にしろ、高校にしろ、わずか3年の就学期間にも関わらず、たった1年の差で序列ができます。これは普通に考えると強い緊張感の伴う人間関係ができやすい。特に部活におけるいじめは、先輩・後輩という序列は無関係ではないでしょう。たとえば実力のある後輩に対して先輩が妬み、いじめるというケースも少なくないようです。

これはマンガ作品でもよく出てきます。いわゆるスポ根モノで学校が舞台になった作品を見ると、先輩・後輩の序列は当然のように設定されていて、先輩から体育館の裏に呼び出されて暴力を受けるといったシーンも散見されます。

野球を題材にしたベストセラー児童文学の映画『バッテリー』（2007年　監督：滝田洋二郎　原作：あさのあつこ）でも、才能あるピッチャーの主人公が中学校で先輩から陰湿ないじめを受けるシーンがあります。

合わなければやめればいい

ドイツの学校でもいじめはあります。私が知る範囲では、学校が当事者の親同士、子供同士で話し合いの場を設けた例や、解決を見出すことができず、いじめられていた子供が別の学校へ移ったというケースがあります。逆に、いじめられている子供に有志の「応援団」がついて、いじめがストップしたというようなこともあります。

日独比べたときに、どちらの国の学校が、いじめが多いのか、質的な違いはどうか、といったことは精緻な比較調査をしないと見えてきません。しかし、日独の両方を知る私の印象では、新聞・雑誌、テレビなどでは、日本ほど話題に上ることは少ない。これはメディアの報道姿勢が日本と異なるということも勘案せねばなりませんが、それにしても日本に比べていじめを頻繁に話題にする必要がないからでしょう。

ここでドイツの学校を見てみましょう。まず、ドイツには先輩・後輩という人間関係の序列の感覚がありません。その上、学校の基本設計は「半日モデル」です。「タコツボ」の日本よりも人間関係の高い緊張感が起こりにくい。つまり構造的に日本よりもいじめが出てきにくい環境といえるかもしれません。

また、スポーツと学校が分離しているというのは、「いじめ」に対応しやすいこともあります。日本の場合、高校進学後に部活でスポーツをやりたい場合、どのような先輩がいるのか、指導者である顧問の先生はどのような人物なのか。入部前には噂なども含む「事前のリサーチ」をする生徒やその親もいると聞きます。

それでも蓋をあけてみたら「こんなはずではなかった」ということもでてきます。こういう場合、学業とスポーツ（部活）を一体化している日本の学校システムは大変です。野球がしたければ、学校には普通ひとつしか野球部はありません。どうしても野球を続けたければ、他の学校に転校しなければならない。

それに対してドイツのように学業とスポーツが分離していると、スポーツクラブが自分にとって合わないということや、いじめられるようなことが出てきて、どうしても解決できなければ、別のクラブに移ればいいわけです。

2 ドイツのスポーツクラブには体罰、怒鳴り声、しごきがない

勝利のための「戦士集団」ではない

次に考えてみたいのが、ドイツのスポーツクラブには体罰やしごきがないことです。日本の体育会系部活は「キビキビした動き」「大きな声で返事やあいさつ」「練習中の声出し」など集団の厳しい雰囲気があります。それに比べると、ドイツのスポーツクラブは「ゆるゆる」です。日本の指導者の中には「こんな甘やかして、試合に勝てるのか！」と思う人もいるかもしれない。

しかし、スポーツクラブは組織の性質としてみると、「同好の士」の集まりで勝利のための「戦士集団」ではありません。何よりも、メンバーになっている人々の生活の質を高めたり、身体の状態をよりよくしたりする厚生が目的です。もちろん試合も行われ、勝つために努力する人もいます。しかしトップアスリート以外はあくまでも

趣味の範囲です。自分のレベルで楽しみの範囲で試合に出ている。トップアスリートでさえも、あくまでも学業と並列に考えてトレーニングに取り組んでいます。

制度面でいえば、リーグ制に着目するとよいでしょう。たとえばサッカーのブンデスリーガ（連邦リーグ）といえば、第1部のトップリーグをさしますが、これを頂点に第6リーグまでがドイツサッカー連盟の管轄です。それ以下の州レベルになるとさらにまた何段階もあります。ちなみに第3リーグまでがプロです。

リーグ戦はご存知のように対戦を繰り返し、シーズン中の総合戦績で順位を競います。ですから高校野球のように一回の試合で敗退というようなことはありません。そのせいか、子供や若者の試合を見ていると、実力的には補欠クラスと思われるメンバーでも、適宜トレーナーは交代させてプレーしています。

またサッカーのみならず実は他の競技でも「ブンデスリーガ」があります。また、個人にとっては実力に応じた段階のクラブに入れば、きちんとゲームに参加でき、あくまでも生活の中の楽しみや自分の実力に応じたチャレンジとしてスポーツができるわけです。

体罰やしごきといったものも、見られません。子供のときや、10代のときにスポーツをしていたことのある人たちに、日本の体罰の問題を説明しながら、「体罰があったかどうか」きいてみました。しかし著しい遅刻やユニフォームを忘れたことに対して、「腕立て伏せ10回なんかはあったけど、日本のような体罰はなかった」というような答えがかえってきました。

それに対して日本の部活をスポーツ組織として考えると、試合に出て戦績をあげることや、記録を伸ばすことに偏重気味です。私学になると、戦績と学校経営が関連するところもあります。そのため部活の顧問にとっては経営側からのプレッシャーもあるのでしょう。いささか斜に構えて見ると、選手たちは学校経営のために活用されているようにもとれます。

ともあれ、戦績重視の学校になると、なんとしても勝てる「スポーツ組織」にしようということになります。そこでモチベーションを高め、チームの統率をはかるために体罰を与え、練習で「しごく」というようなことが一般的な「方法」として行われたのでしょう。「気合を入れる」ためには「声」も重要な要素です。大きな声であいさつすることや、練習中の「声出し」、指導者が大声で指導することともつながっているように思えます。こういう現場で指導者が未熟だと、高まった感情と結びつき、もはやトレーニングの「方法」ではなくなります。

体罰や頻発する怒鳴り声、それからしごきといったものが、戦績のために選手たちを追い込んでいく方法とすると、ドイツの地域スポーツクラブでは、そこまで追い込む必要がない。繰り返しますがスポーツ組織としての目的が戦績第一ではなく、厚生にあるからです。

ただし、ドイツに体罰がなかったわけではありません。「禁止」の法律化を追っていくと、19世紀初頭にプロイセン軍の鞭打ちが廃止。同じころ配偶者を処罰する権利廃止などが見られます。20世紀に入ると、使用人や見習いに対する体罰禁止が出てきます。

学校の体罰に関していうと、1970年代ごろから各州で禁止されていきました。両手を差し出させて鞭でうつ、教室の角に立たせるといったことが行われていました。親による体罰の禁止は2000年に入ってからです。

体罰そのものは、服従、懲罰などの意味で人類が思いつく「手っ取り早い方法」なのでしょう。それにしてもスポーツクラブやスポーツの世界では私が知る範囲では聞きません。

練習量にこだわらない、こだわれない？

ドイツのトレーニング、たとえばサッカーの練習を見てみましょう。

ウォーミングアップの運動をして、そのあと、コーンをつかった練習、模擬試合などといった程度。しかし素人でもわかるクラブのトレーニングの特徴があります。それは、日本の部活に比べてかなり短いということです。

スポーツクラブのサッカーは複数の年齢のチームがあるので、時間を決めてサッカー場を使えるようにしなければなりません。平日の昼間でしたら、小学生が楽しそうに練習しています。高校生ぐらいの年齢の若者でしたら、夕方5時ごろからといった具合です。そのため3時間も4時間もサッカー場を占拠できません。

トレーナーも有給のケースが多いですが、報酬はそう高いものでもありません。もちろんサッカーが好きで、自由意思でトレーナーとして関わっているわけですが、「仕事」として考えると「副業」のようなもの。自分の「可処分時間」をつかった有給ボランティア兼ホビーとして考えるのが妥当でしょう。だから、彼らも毎日、半日近い時間を指導に費やすことはできないのです。

チームのレベルを勘案しながら、トレーニングの「量よりも質」を重視している。あるいは限られた時間で質を追求しなければならないのがドイツのスポーツ環境といえそうです。

スポーツと「国のあり方」はつながっている

ドイツのトレーニングを見聞した日本の指導者のレポートをいくつか読んでみました。

たとえば、「日本オリンピック委員会スポーツ指導者海外研修事業」の平成27年度帰国者報告書。ここで、ドイツへサッカー指導の研修に行った元サッカー選手の山尾光則さんが「育成年代」のドイツの指導状況について、次のように書いています。少し長いが引用します。

指導者は、選手の自主性に任せながらも、選手の将来を考えて、ピッチ内のしつけも、ピッチ外のしつけも大事にしているということである。

サッカーというチーム競技の中で、選手に与えられる自由とチームの中での役割を理解させることを、重要視していた。これは、ドイツ人の国民性であるように感じたが、集団の中での個人の責任の所在を明確にすることを常に求めていた。

次に、試合や練習時に選手に過度のプレッシャーを与えていないことである。これは、指導者が目先の勝ちにこだわり過ぎないスタンスを持って指導しているから

であろうと感じた。もちろん、試合などで厳しい要求をすることもあるが、勝利至上主義でない考え方を根底に持っているから、選手に対するネガティブなコーチングは皆無であった。

その結果か、選手は自分のイメージを持って伸び伸びとプレーしていた。コーチにサッカーをさせられている感はなく、自分で自主性を持ってサッカーというスポーツをしていた。当然ミスもあり、上手くいかないこともあるが、自分を表現するためにミスを恐れず積極的にサッカーに取り組んでいた。

以上の事を、各指導者が強く意識して指導を行っているのではなく、長く続いているクラブの慣習、彼らのサッカー、指導に関する考え方が、自然とこのような指導法にさせていると感じた。（同報告書　110ページ）

指導の方法に「ネガティブなコーチングは皆無」と書かれていますが、体罰や怒鳴りちらすような日本の指導のようなことは皆無という意味なのでしょう。そして、山尾さんは「勝利至上主義でない考え方を根底に持っているから」、そういうネガティブなコーチングがないのではないかという見解を示しています。

もうひとつは、選手たちが「自分のイメージ」を持っていることや、自主性を指摘しています。なるほど、日本の部活のなかには、「やらされている」という雰囲気があり、試合でミスがあると、指導者からずいぶん叱責を受け、時には殴られることもあります。そのため選手たちが萎縮したり、ミスを恐れたりして「挑戦」をしないという指摘も散見されます。

さらにこの報告からは、「個人」を中心に据え、全体の中で個人の役割と責任そして、自主性をどのように理解・実現するかという主題が見えてきます。

スポーツのあり方を見ると、その国の状態や価値観が透けてみえるようなところがあります。個人と公共空間のあり方をはじめ、ドイツのスポーツクラブが成り立つ社会背景についても触れてきましたが、実際のトレーニングや試合においてもそういうドイツ社会の特性と重なっているのがよくわかります。

3 「タメロ」カルチャーは先生にも「おまえ」

2種類の二人称と「われわれ意識」

一般にドイツ社会では年齢による序列感覚がほとんどありません。初対面で自分よりかなり歳が上であるような場合、どこか丁寧な話し方になることもありますが、日本の年齢の序列感覚と比べると全くといってよいほど異なります。

ドイツ語の話になりますが、二人称には親称「ドゥ（Du／おまえ、君）」と社交称「ジー（Sie／あなた）」の2種類があります。「あなた」から「おまえ」に変わるタイミングは属性によっても異なります。

若い人同士ですと、最初から「おまえ」。仕事関係ですと何年たっても「あなた」ということもあります。その場合、呼び方もずっと「タカマツさん」「ミュラーさん」と名字です。自然に「おまえ」に変わることも多いですが、そのタイミングはネイティブでも迷うことがあります。

「そろそろ『おまえ』で呼び合いませんか？」とどちらかが提案するケースもあります。その時に「そうしましょう。私はヘイゾーです」「トーマスです」と改めてファーストネームで紹介しあい、握手をする。ちょっと儀式めいていますがそんな風に関係を作っていくこともある。だから他人の会話を聞いていると、二人称から人間関係が少し見えてくるわけです。日本語の感覚でいえば、いつからタメ口で話せるか、必要以上の丁寧語や敬語をいつから外すか、というのと近いのかもしれません。

スポーツクラブではそれがはっきりしています。メンバーになったとたん「おまえ」なのです。たとえ16歳の若者が50歳の大学教授と話すときでも、外国人であっても、身障者であっても、性的マイノリティであっても、メンバー同士なら「おまえ」。名づけて「タメ口カルチャー」といったところでしょうか。これはトレーナーに対しても同じです。

こういった呼び方からも、スポーツクラブはスポーツをともにする「仲間」という意識を感じるとることができます。そういう人間関係を意識的に作るわけです。ですから、その仲間がクラブのために何か貢献した、なんらかの顕著な働きをしたという と、「われわれのトーマスが、こういうことをしてくれた」と皆の前で紹介するようなことがある。「われわれ意識」を伴うような表現が出てくるわけです。

こういう感覚から考えると、仕事や学校で少々ストレスの多い状態が続いても、「われわれ意識」が持てる場所が生活の中にあるのは救いです。外国人や難民などにとってもスポーツを通して「われわれ意識」を持てる場所があるだけで、孤独感や排除された感覚が薄らぐはずです。

スポーツクラブの柔道の「センセイ」も仲間

日本語が母語である私にとって面白いのが柔道です。ドイツでも柔道は盛んに行われていますが、運営組織はスポーツクラブです。つまりここで日本文化とスポーツクラブ文化が混ざることになります。そして、ドイツのスポーツクラブの特徴が明確に見えます。

通常、練習前には先生と向き合って正座し、「先生に礼」と掛け声。一斉に礼をします。これはドイツでも一緒です。わざわざ「センセイ ニ レイ」と日本語でやります。

センセイとはトレーナーであり、基本的にはクラブのメンバーです。日本の感覚ですと、先生には必ず敬語を用います。

ところがドイツではクラブメンバーなので、当然「おまえ」。「センセイ　ニ　レイ」といっておきながら、トレーニングがはじまると「おまえ」です。練習中でもトレーナーをつかまえて「ここのところをもう一度教えてくれる？」と頼むようなことがありますが、このときの二人称ももちろん「おまえ」です。

いずれにしても一定の敬意はお互いに持っているのですが、柔道の流儀で「センセイ　ニ　レイ」と言いつつ、ドイツには日本風の先生はいないというわけです。

座り方にも出るドイツのスポーツクラブの特徴

「センセイ」も「おまえ」という呼び方になってしまうドイツのクラブですが、柔道のトレーニング開始前、終了後の座り方にもクラブらしさが出ます。私が知る例を紹介しましょう。

上級者から順番に座るところまでは日本と同じ。しかし人数が多いために練習場の端から端まで一杯になったときがちがいます。日本の場合2列、3列と座っていきますが、ドイツの場合は、端まで一杯になるとそのままアルファベットのL字型に座っていくのが主流です（図表6参照）。L字型に座っても場所が足りないような場合は、カタカナの「コ」の字型になることもあります。

図表６　柔道の座り方

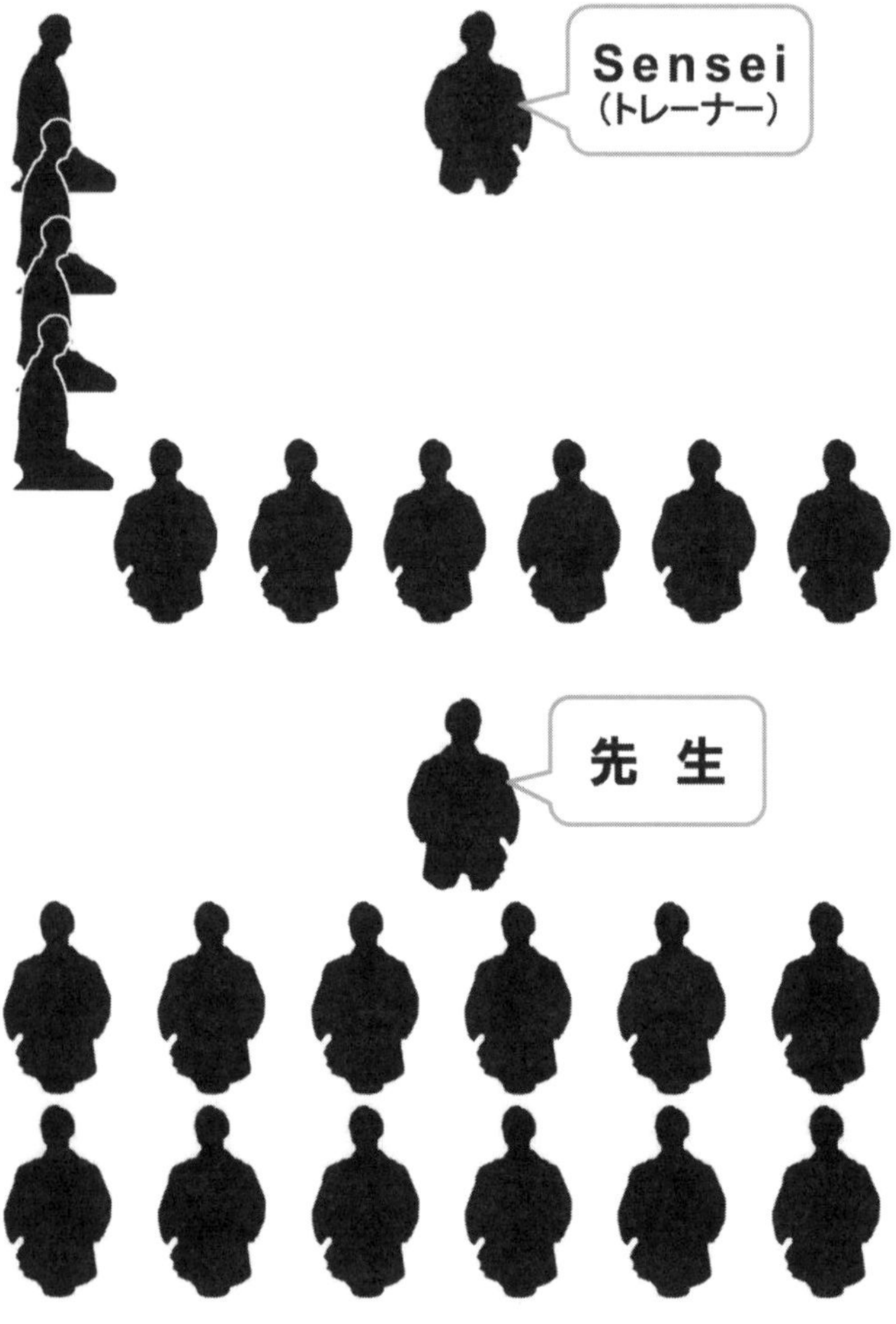

上：ドイツ（平等）　下：日本（序列）

日本で柔道をしている方からみると、面白い風景に見えるはずです。ではなぜ、こういう座り方になるのでしょうか。ある柔道のトレーナーに尋ねてみたところ、スポーツクラブの平等性が理由でした。日本柔道のように「上級者から座る」ということは行われますが、一列に座ることでメンバーの平等性を実現しようとした結果です。

ここで思い出していただきたいのが、私が住むエアランゲン市内のクラブが、自分たちをどのように定義しているか（77～80ページ）。「人種主義や差別に反対し、年齢、宗教、経歴、国籍に関係なく、誰にでも開かれている。そしてわれわれは寛容、社会的、連帯を重視したコミュニティである」としています。

そして、日本の人間関係の序列感覚が組み込まれている柔道がドイツで行われると、スポーツクラブの理念と絶妙に組み合わさっていくのがわかります。日本の柔道が「体育会系柔道」とすればドイツは「スポーツクラブ柔道」といったところでしょうか。

スポーツクラブについての取材やリサーチを始めたころ、長年あるクラブの代表をしていた人から「われわれには『おまえ』と呼び合う文化があるんだ」と誇らしげにいわれたことがあります。

4 タメロカルチャーをつくった「ヤーン・コンセプト」

それは体操からはじまった

さてこの「タメロカルチャー」はいつ、どこで作られたのでしょうか。これを見るには、少しスポーツクラブの歴史を見る必要があります。

47〜48ページでサッカーのチーム名を超訳で紹介しましたが、その中のひとつTSG1899ホッフェンハイム（Turn-und Sportgemeinschaft 1899 Hoffenheim e. V.）をもう一度見てみましょう。

チーム名の意味は「1899年設立のホッフェンハイム地区の体操とスポーツのコミュニティ」です。「T」のところを見てください。「Turngemeinschaft（体操コミュニティ）」の省略です。

歴史的な経緯でいえば、この「体操クラブ」が現在のスポーツクラブのはじまりで

「体操の父」ヤーンの写真を掲げて行進。(2002年、エアランゲン市)

す。柔道はもともと武士の接近戦の技術だった柔術を、嘉納治五郎という人が教育体系として整理し、柔道というかたちに換骨奪胎しました。やや乱暴な比較ですが、それとよく似ていて、トゥルネン(体操)もフリードリッヒ・ルードヴィッヒ・ヤーン(1778~1842年)という人がその礎を作りました。

今日、日本で行われているスポーツクラブの議論と比べると、ヤーンがトゥルネンを始めた理由はかなり驚きです。19世紀初頭、ドイツの隣国フランスのナポレオンがヨーロッパでの戦争で勝利を収めていました。そしてプロイセンは負けた側でした。こういう状態に陥ると、メラメラと燃え上がってくるのが愛国心です。同一の言語や文化を持った国民による国家（国民国家）という考え方も出てきます。新しい国家建設に向かうナショナリズムが強くなり、政府でもそういう機運が高まりを見せます。

こういう時代の中、ヤーンが展開した「トゥルネン運動」には心身を鍛え、強い民族を作るというような指向があり、伝統や愛国心といったものを重視しました。

社会運動としてのトゥルネン

ヤーンを教育者としてみると、理性的で、人間的な感性を持ち、自立的な人間を育てるのが大切という考え方を持っていました。そのためトゥルネン（体操）は調和を考慮したような運動が想定されています。具体的には鉄棒、平行棒、あん馬、平均台といったものを利用した運動がよく知られています。

他にも「黒い男を怖がっているのは誰？」（訳・著者）という、鬼ごっこを複雑にした運動遊びなども行われていました。こういう遊びを一緒にすると、一気に精神的な距離が近づきます、出自が異なる体操家同士の平等な人間関係を強めるような目的もあったのでしょう。ちなみに、この遊びは今日でもよく行われています。

ほかにもトゥルネン祭やハイキングなどいろいろなことをしています。ハイキング

フュルト市ヤーンホール（Jahnhalle／ヤーンハレ）。1928年に建てられた。体操家の「キャッチコピー」を紋章化した「体操家のクロス」もあしらわれている。

というといかにも今日のレジャーというイメージがありますが、徒歩による小旅行という感じでしょうか。そしてドイツにまつわる歴史記念碑などを訪ね、愛国心を高めていくようなことが行われていたようです。

愛国心や郷土愛とは何かというと、感情に基づくものです。その感情は美しい自然風景や記念碑、歴史的な場所などから触発され、導き出されます。トゥルネン運動におけるハイキングもそういったかたちのものだったのでしょう。さらには他の体操家仲間を訪ねるとか、読書会、討論会、演劇などもしていたそうです。

ちなみに、ドイツ社会で演劇は思い

のほか身近で、教会で子供たちが行ったりしますし、小さな村でも有志の演劇のグループなどがあります。余暇や楽しみという面もありますが、教育機能をはじめ、社会や政治を表現することで議論を促進するといった役割もあります。そのせいか、スポーツクラブのなかには演劇のグループを持っているところもあります。

このようなヤーンの活動を日本からみると違和感を覚える人もいると思いますが、スポーツクラブが社会的組織であるという点に着目すると、わかりやすいかもしれません。そしてヤーンのトゥルネン運動にしても今日の日本でイメージされる「体操」とはかなり異なります。むしろ身体運動を介した教育であり、社会運動だったと考えるのが妥当でしょう。

ドイツでは著名な人の名前などを公共の建物や道路の名前に使ったりすることが多いという特徴があります。そのため現代でも「ヤーンホール（体育館）」や「ヤーン通り」がドイツ全国の町にかなりあります。

体操をともに行う仲間 ―タメロカルチャーの登場

では現在のスポーツクラブの「タメロカルチャー」はいつ登場したのでしょう。トゥルネン運動の始まりとされるのが、1811年。ベルリンのハーゼンハイデ運動場に大学生など若者を中心に約300人が集まりました。当時、教師をしていたヤーンですが、それ以前から生徒たちを集めて運動をしていたようです。

思想家・教育家として、ヤーンはナショナリズムの傾向を持っていましたが、出自や信仰などをとりさって、運動場でともに体操をする仲間として考えました。そこでユニフォームの着用を義務づけ、そして体操をともに行う仲間として「おまえ」という親称を使うようにしたわけです。

そんな体操家（トゥルナー）たちには、規律、自己抑制を求めました。当時は「男性」のみ対象ではありましたが、それは友情や寛容といった普遍的価値を持ち、社交にとんだ市民像ともつながっていました。19世紀半ば以降になると「体操家の歌（トゥルナーリート）」がたくさん作られるようになるのですが、歌詞を見ると「男らしく」「兄弟愛（＝連帯）」といったような単語が散見されます。この段階では体操家の結束のなかに「女性」が入っていなかったりするのですが、それにしても平等な人間関係に基づく、現在のデモクラシーにつながるプロセスの一部という側面もあるのでしょう。

ヤーンは思い込みが強く、それを現実のものにしようとするエネルギー、そしてカリスマ性を備えた活動家のような人物だったようです。白いひげを蓄え、ゲルマンの民族を思わせる服をまとった晩年の容姿なども、今の感覚でいうとかなりビジュアルを意識しているように思えます。

また体育思想や教育論という観点からいえば、18世紀から「ギムナスティック」という「体操」を意味する言葉がすでにありました。ところが「これはドイツ起源の言葉ではない」とし、「トゥルネン」という民族テイストのある名称を作りだしたかたちです。

当時の時代背景を考えると、こういうネーミングが多くの人々に、特に若い人におおいに響いたのかもしれません。コピーライターのような才能をおもわせます。

この「才能」に着目すると、ほかにも有名な「キャッチコピー」があります。それは、体操家の「4F（フィーア エフ）」というモットーです。Fはドイツ語の頭文字をとったもので、

「新鮮な（frisch／フリッシュ）」
「敬虔な（fromm／フロム）」
「快活な（fröhlich／フレーリッヒ）」
「自由な（frei／フライ）」

を示します。この信条は影響力が強く、「体操家のクロス」という紋章も作られま

古いクラブ旗。中央にあしらわれているのが「4F」を紋章化した「体操家のクロス」。1886年設立のスポーツクラブ内にある「歴史的ルーム」に飾られている。

した。アルファベットのFを四つを組み合わせたもので、なかなか力強い造形です。現在でもトゥルネン関係のイベントや雑誌などにも使われています。「ヤーンホール（体育館）」などでもヤーンの胸像とともに「体操家のクロス」の紋章があしらわれています。

　さすがに最近の若い人は、この４Ｆやロゴについて知る人は少なくなっているようですが、年配の人だと知っている人も多い。またこういう世代で、若い頃に体操していた人の話などを聞くと、４Ｆを噛み締めながら、スポーツクラブの仲間とともに体操をしていたようです。

　このように見ていくと「タメロカル

チャー」も、なかなか複雑で、一人の活動家の運動が出発点になっていることがわかります。同時に日本の体育会系文化にある「先輩後輩システム」とは全く逆の方向の人間関係が築かれたということ。これは日独のスポーツ文化の違いにつながる大きなカギです。

第5章

だからドイツには「スポーツバカ」がいない

ドイツのスポーツ選手は
「視野狭窄《きょうさく》」に陥ることがない。
それは子供のころからの教育と
各人の人生観に関係している。

家族でスポーツ

1 「スポーツは遊び」という定義はなぜ、わかりにくいのか

スポ根アニメ効果は大きかった

スポーツの定義は、語源であるラテン語"disportare"までさかのぼって説明されることが多いです。英語でいえば"carry away"、「何物かを運び去る」といった意味。転じて不安や憂いを運び去ること、つまり「遊び」「気晴らし」と説明されるわけです。

しかし、私は長きにわたり、「スポーツは遊び」という説明は正直なところピンときませんでした。

私自身のことをいえば、野球を舞台にした「巨人の星」などのスポ根（スポーツ根性もの）アニメを見ていた世代で、それらの作品群に描かれるのは、ライバルとの競争で勝利を得ること。それからそのために激しいトレーニングなどが必ず出てきま

す。戦後、高度経済成長期を迎え、「がんばれば成功する」という時代の気分とうまくマッチしたのでしょう。

しかし、ここには「遊び」や「気晴らし」という言葉が入る隙間がありません。「スポーツは遊び」という定義に対する違和感は、今思えば、スポ根アニメが影響していたような気がします。また勝利のための無茶な練習や気合のためのビンタなどは「普通のこと」であるという「体育会系」のスポーツ文化醸成にスポ根作品も一役かっていたのではないでしょうか。

最近のスポーツを主題にした漫画作品を見ても、クラッシックな「体育会系」が物語のフレームとしてあり、その中で「(既存の)『体育会系』(のようなこと)なんてやってられない」、「伝統的な体育会系とは異なるトレーニングで強くなる」といった考えを持つ人物が配されることで、ストーリーを魅力的なものにしている作品が散見されます。いずれにせよ、今日でも「体育会系」は日本スポーツ文化を特徴づける価値体系といえるでしょう。

一方で実際の部活を見ると、昨今の体育会系の反省からか、根性論と一線を画すトレーニング方法や生涯スポーツを追求する動きも出てきています。しかし、スポ根アニメで育った指導者やその影響を受けた人はまだまだ現役で活動していて、「スポーツは遊び、気晴らし」という定義にしっくりこない人も多いのではないでしょうか。

なぜドイツではスポーツが「余暇」なのか

さて、私自身にとって、「スポーツとは遊び」という考えに対する違和感が氷解したのが、ドイツのスポーツクラブでした。老若男女が日常的にスポーツをする場で、しごきや体罰とはまったく無縁。日本における勝利偏重の部活の雰囲気からみると「ゆるゆる」にすら見えます。

なぜ非体育系の「ゆるゆる」のスポーツになったのでしょうか。歴史を見るとある程度説明がつきます。

戦後[7]の旧西ドイツのスポーツは当初、競技志向が強いものでしたが、変化を遂げるのが1960年代からです。西ドイツは1950年代に「経済の奇跡」と呼ばれる経済復興を遂げます。こうした中、1959年にドイツスポーツ連盟（DSB）から、国民の健康を意識した「第二の道」という考えが出てきます。競技スポーツが「第一の道」とすれば、余暇のためのスポーツが「第二の道」というわけですね。

同時にドイツオリンピック協会（DOG）によって、スポーツ施設などを拡充する「ゴールデンプラン」という提案も出てきます。その後、1970年代にドイツスポ

トリムアクションのマスコット「トリミー」。

ーツ協会（DSB）によって「トリムアクション」という健康増進の運動キャンペーンが行われます。

これらは政府主導ではなく、スポーツ団体が発端です。ゴールデンプランなどは、必要な資金を州や連邦などから引き出してきました。トリムアクションについても、私が住むエアランゲン市の戦後のスポーツ史をひもとくと、頻繁に行われています。実際そのころ子供だった人にきいても、「そういえば、トリムアクションに参加していた」と記憶に残っている人もいる。また、トリムアクションとは別で、健康増進のための余暇スポーツを市内でスポーツクラブや行政のスポーツ部署と一緒に展開しています。

図表７　労働時間の推移

1900年	60時間（週6日）
1932年	42時間
1941年	50時間
1950年	48時間
1956年	週5日への移行
1965年	40時間
1984年	38.5時間
1995年	35時間（印刷・金属・電気産業）

ドライグリーダルング研究所資料より筆者作成

一方、余暇活動には当然「余暇」がいります。余暇とセットになるドイツの労働時間の経緯を見ていきましょう（図表７）。労働時間の短縮は、労働運動などの賜物ですが、戦後のみを見ても１９５０年代、経済復興に伴い労働時間が減っていくのがよくわかる。現在は週40時間ですが、一時的に35時間にまで短縮した業界もあります。高度経済成長に伴い長時間労働が増えた日本と対照的です。

また、ドイツといえば病欠とは別に、休暇のとりやすい国としても知られています。今日の長期休暇を規定しているのは、１９６３年に施行された連邦休暇法。最低限24日の年休を設定することになっていて、多くの企業は30日の有給休暇を規定しています。ちなみにＥＵ加盟国に対して達成を求める「ＥＵ指令」では４週間の年次有給休暇が明記されています（ＥＵ労働時間指令、１９９３年）。このため、平日でもスポーツクラブで何らかの行事のために休日が必要になっても、簡単に休めます。

ひるがえって、戦後はスポーツ団体による健康増進、余暇スポーツの取り組みが盛んになりますが、それに伴い、各自治体でスポーツクラブも増えていき、当然クラブ加入者も増加していきます（図表8）。1970年と1989年を比べてみると、スポーツクラブの加入者は2倍以上に増えています。

図表8　スポーツクラブ加入者数の変化

年	スポーツクラブ加入者数	全人口に対する比率
1970	1010万	16.7%
1980	1700万	27.6%
1989	2090万	34.3%
1990	2370万	30.0%
2000	2680万	32.6%

余暇スポーツハンドブックより筆者作成

なお、1990年を見ると、全人口に対するクラブ加入者数の比率が一旦下がっていますが、これは旧東西ドイツの統一によるものです。ともあれ、戦後のドイツでスポーツが盛んになってくるのは「余暇」という時間環境との関連性が透けて見えます。日本でも働き方に関する議論はありますが、余暇時間が増えるとスポーツ人口の増加につながる可能性が高いのです。また人々の健康の底上げや、スポーツを通じたボランティアなどの増加といった社会インパクトも考えられます。

「万人のための体操」が「余暇スポーツ」につながった

余暇や健康のための、誰にでもできる「第二の道」の発想を表すものに、「万人のためのスポーツ」という言い方があります。スポーツに対して、そういう考え方を付されていったのは、ドイツの場合、体操（トゥルネン）をともにする仲間という考え方を提示したフリードリッヒ・ヤーンの存在がその出発点でしょう。

しかし実は詳しく見ると、もう少し事情が複雑です。19世紀終わりにイギリスから「スポーツ」がドイツに入ってきます。スポーツはイギリスで発展を遂げたものです。「遊び」といった要素はあるものの、一方で「競争」という要素もありました。それに対して、ヤーンの体操は全身運動を促すもので競争の要素はありませんでした。勝ち負けという価値にヤーン自身も否定的です。この点で、19世紀末からドイツで「トゥルネン」と「スポーツ」が拮抗する時代もあったのです。それにしても、誰にでもできる「余暇スポーツ」の基本的な考え方は、ドイツにおいてはヤーンが嚆矢といえるでしょう。

体操をともに行う「平等な関係」の仲間。1979年当時のスポーツクラブ。(写真提供：Werner Arandさん)

経済成長で増えた余暇

さて、ここで考えたいのが、「余暇」に対するドイツの考え方です。

まず、「休暇」そのものは、軍隊からしばらく離れる許可のことを指していましたが、今日の仕事に対する「休暇」の登場は1873年に見られます。公務員に有給休暇制度が導入され、上級の職員は年6週間の休暇を得ました。1918年には労働組合の活動が奏功し、多くの労働者が休暇を取得。もっとも当初は年1週間未満でした。

ともあれ、今日の連邦休暇法は労働者の権利獲得の賜物ですが、それは19世紀からはじまっていたわけです。

問題は休暇の使い方です。当初からレクリエーションや娯楽のために使われていましたが、これはモデルがありました。富裕層が優雅に過ごす様子がある種の理想像としてあったのです。これが労働者の権利の中に入ってきたと考えられます。

「休暇」の流れは第二次世界大戦中、妙な発展を遂げます。ナチスが1933年に、余暇のための組織「喜びを通しての力」というものを作りました。特別列車で安価な旅を実現。国民車「フォルクスワーゲン」もこの中で普及します。そのほかに、ミュージアムや劇場を利用するといったことも定着しましたが、これに並んでスポーツ施設を余暇として利用することも広がりました。

これらは今日のドイツの人々の「余暇の過ごし方」ともよく似ています。もちろん、余暇組織「喜びを通しての力」はナチス党に労働者を取り込むのが目的でしたが、余暇が労働のための力を再創造するのだ、という発想が見て取れます。

言い換えれば、余暇と仕事がかなりきっちりと切り分けた考え方があるのがわかります。ちなみにこの余暇組織は、「歓喜力行団」と訳され日本とも外交の一環として交流もありました。しかし当時も日本側には「余暇」がピンとこなかったようです。

ドイツの「一直線」の時間感覚

余暇と労働を考える上でひとつ重要なのが、ドイツの時間感覚です。「欧米では仕事とプライベートを分ける」というイメージを持つ人が多いと思います。このイメージに照らし合わせてみると、時間に対する感覚が違うと感じることが多いのです。

ドイツの時間感覚は一直線で、タスクをひとつずつ片付けていく傾向が強いです。職場では、ほとんど休息をとらずに仕事に集中、そして「就業時間」という大きなタスクが終わると「プライベートの時間」に切り替えるかたちです。この時間感覚も仕事と余暇を切り分け、そのため「タスクとしての余暇」として何をするかという発想につながるのかもしれません。

「余暇」に着目すると、富裕層の生活イメージにはじまり、労働運動の中で展開され、戦後は経済成長とセットに健康や楽しみといった生活の質を高めるものとして発展してきたのがうかがえます。

余談ながら、日本語の「余暇」という字面を見ていると、「(時間が) 余ってできた暇」であり、「労働時間」と拮抗しにくい。そして積極的に使うための時間というイメージが少ない。そんなふうに思えてくるのですが、いかがでしょうか？

2
親はスポーツに何を期待するか

広告記事に見る親にとってのスポーツ

ドイツの子供や青少年がスポーツをする場合、スポーツクラブが主流。子供がもし自分で「サッカーがしたい」といえば、親がすぐに思いつくのはもちろんスポーツクラブです。

一方、親としては子供を育てるにあたり、様々なことを思うものです。健康、学力、社会性など幅広い。そんな「子育て課題」を考えたときに、「何かスポーツをやらせたい」という発想が出てきます。そんなとき、親の中には「何をやらせればよいか」ということになります。

親向けの育児関係の記事などを検索すると、たくさん出てきます。それこそ、親のための雑誌、健康保険関係の組織、それに一般のメディア、スーパーマーケットが顧客向けに書く「生活のヒント」のような記事にまで扱われています。
たとえば、スーパーマーケット「Real」のホームページの家族向け情報記事を見てみましょう。タイトルは「最も人気のある10の子供向けスポーツ」。ジャーナリストのダグマー・フォン・クラムさんによるもので、内容は次のようなものです。少し長いですが、紹介しましょう。

家族向けの記事から一般的なドイツの「スポーツ感覚」が読み取れる。

体操、サッカー、乗馬。こういったスポーツは健康的で子供たちの精神的、肉体的発達につながります。あなたが子供にスポーツを勧めるときのための情報を提供しましょう。両親や祖父母たちは、子供時代の余暇時間には新鮮な空気の中で過ごし、木登りや、森林、牧草地を走り回っていたものです。ところが今日の子供たちにはこういう運動機会を逃していることが多い。だからスポーツはとても重要なものです。

2012年の調査によると、子供たちは宿題をする前に、余暇時間としてテレビを見ます。そして1日のほとんどを座って過ごしている。だからこそ運動能力、バランス感覚、協調性、身体の意識を養うために、子供たちは体を動かすことが必要です。走ったり、ジャンプしたり、投げたり、登ったりすると、筋肉は訓練され、骨は強化されます。また、運動は太りすぎを防ぎ、そして重要な社会的能力の促進にもつながります。

ぜひとも、あなたのお子さんにスポーツを勧めてください。スポーツクラブは子供や若者のためにスポーツの幅広いプログラムを提供しています。それらのプログラムはとてもエキサイティングです。そしてお子さんにどのスポーツするか自分で決めさせてあげてください。多くの子供たちは様々なスポーツを試しています。10歳までの子供にとって、こういう「お試し」は価値あるもので、理にかなっています。そのため高価なスポーツ用品をすぐに買うようなことはせず、数か月を待ってください。

というような調子です。筆者のフォン・クラムさんは食品関係や家族関係の話題に強い人ですが、この記事は学術論文でもなく、簡単に読めるものです。もう一歩踏み込むと「どこかで聞いたような」内容も含まれています。そういう意味では、ドイツの一般的な親が考える、「子供とスポーツ」の感覚に訴える内容だと理解できるでしょう。ちなみに記事の最後には広告記事らしく、次のような一文がついています。「当店のオンラインショップでは、様々なスポーツ関係の商品をご用意しております」。

そして続きには「子供に人気のあるスポーツ」がコメント付きで並んでいます。しっかりした報道メディアや専門誌でも、しばしば子供向けのスポーツが紹介されますが、種目については比較的重なります。順番に見ていきましょう。競技名にキャッチコピーのようなものが添えられ、競技についての解説や効果が書かれています。

1　体操　「体操の父」ヤーン以来の古典

多くの子供にとって体操はスポーツへの入り口です。多くのクラブが1歳からの古典的な親子体操コースを用意しています。クラブで6歳以上の子供がどのぐらい動くことができるかを試すことができます。吊り輪、平均台、平行棒、跳び箱などの器具を使ってトレーニングをすると、筋肉、柔軟性、バランス持久力といったものに効果があります。

2　サッカー　11人のプレーヤー、2つのゴール、1つのボール

昨今、女の子もサッカーを楽しむことが増えてきました。しかし、まだまだ男の子のスポーツと見なされています。子供向けのサッカー場や遊歩道、裏庭などの場所がないため、スポーツクラブで遊ぶ子供たちが増えています。ドイツサッカー協会によると、「バンビーニチーム（ちびっこチーム）」が今日ほど多かったことは、これまでありませんでした。あなたの子供がサッカー愛好家であれば、4、5歳からクラブにメンバーとして登録することができます。この人気あるチームスポーツは、協調性、寛容、責任感といった社会的能力を促進します。そして体の動きのコンビネーションや体力、スピードといったものも獲得するでしょう。

3　水泳　水中の魚のように

ほとんどの子供たちは水が大好きです。親はそれを利用すべきであり、4、5歳で子供を水泳コースに登録すべきです。依然、最も多い子供の一般的な死因の1つは溺死です。学校に入学する前にすべての子供は泳げるようになったほうがよいです。水泳は体調をよくし、筋力をつけます。

4　ダンスとバレエ　女の子のためだけではない

長きにわたり、ダンスは絶対的な女の子の領域でした。特に良家の娘にとってバレエのレッスンは必須でした。しかし、これは変わりました。音楽にあわせて動くことに対する熱意は、女性だけが持っているものではありません。ダンススクールでは古典的なバレエレッスンに加えて、小さなダンサーのために様々な種類のダンスクラスがあります。こういうコースで子供たちはダンスを知り、そして運動能力と身体への意識を訓練します。2、3歳までのダンスコースにはじまり、4歳からはバレエのクラスもあります。子供は9歳から、ヒップホップ、モダンダンス、タップダンスなどのコースを受講することもできます。

5　テニス　ボリス・ベッカーとシュテフィ・グラフの足跡

ドイツにおいて、テニスの全盛期は終わったようですが、多くの子供たちはまだラケットとテニスボールへの道を見つけます。小さな子供たちは3、4歳から始めることができます。「バンビーニトーナメント（ちびっこトーナメント）」の対象は5歳からです。テニスを通して、子供たちは体の動きのコンビネーションを身につけ、ボールのコントロールを発展させ、そしてスタミナをつけます。

6　空手　アジアの伝統的な武道

（一人の少年が日系人に空手を学び、成長していくというストーリーのアメリカ映画、1984年公開の）「ベストキッド」のように自分自身を守る——これはあなたの子供が空手学校で学べることです。日本の武道はドイツでますます普及しています。ほとんどの町で、3、4歳の子供たちが初歩的な空手技術を提供しているクラブがあります。空手トレーニングは、空間認識、集中力、そして体の動きのコンビネーションを促進します。

7　陸上競技　走る、跳躍、投げること

陸上競技は学校スポーツにしっかりと行われていますが、多くの子供たちは学校外で楽しんでいます。陸上競技の様々な分野は、子供たちが自然に動こうとすることとよくあっています。走る、跳躍、投げる。これらの運動で、持久力とスピード、体の動きのコンビネーションを訓練し、そして筋肉と骨を強化します。スポーツクラブは4歳以上の子供のための陸上競技を提供しています。これらのコースは主に楽しさや遊び心のあるアプローチで行われています。

８　クライミング　子供たちが必要としていること

クライミングは、近年人気のあるスポーツのひとつです。かつての子供たちは木や岩を登る機会が多かったためかもしれません。多くの都市では、４歳から子供用のクライミングコースを提供するクライミングジムがあります。クライミングは力、体の動きのコンビネーション、敏捷性を高めます。そして自分にも自信を持つことにつながります。

９　乗馬　馬の背に乗ることは地上で最大の幸せ

しかしそれは、残念ながらあまり安くはありません。そのため乗馬は特別なスポーツと見なされています。グループでの乗馬レッスンは12～20ユーロで、単独のレッスンは20ユーロから利用できます。しかし馬上で体操をするアクロバット、「軽乗競技」はそれほど高価ではありません。乗馬スポーツの分野で軽乗競技は賢明なスタートと見なされ、初心者は容易に馬の扱いに慣れることができます。

10　柔道　「柔らかさ」を介しての勝利

持久力、力、敏捷性――こういったことが小さな柔道家たちが訓練により獲得し、強くて自信を持った人格に変えます。日本の武道はスポーツであると同時に哲学であり、学校やクラブでも暴力防止のためのプログラムとして使われています。敬意や寛容は、4歳から5歳の子供たちは柔道コースで学ぶことができます。

ドイツらしい選択

あえて、広告記事から引用してきましたが、この競技選択に見るドイツらしさを少し書いていきましょう。

いかにもドイツらしいのが、まず「体操（トゥルネン）」をとりあげていることです。「体操の父」フリードリッヒ・ヤーンの名前が添えられているあたりもそうですが、「体操」がいかにポピュラーな競技であるかを表していると思います。

日本でピンときにくいのが「スポーツ」として紹介されたバレエでしょう。西洋ダンスはスポーツとして捉えられることが多いです。バレエなどは「女の子のためだけではない」とわざわざ記されていますが、それでもダンススクールへ行くと女子が

社交ダンスも人気のある「スポーツ」のひとつ。若者でも踊れる人は多い。

圧倒的に多いのが現実です。逆に地方紙で「男子だけどバレエを頑張っている」というような男の子が紹介される記事にお目にかかったことがあります。一方、ブレークダンスやヒップホップなどは男の子にも人気です。

この広告記事は、小学生やそれ以下の子供を前提にしているので触れられていませんでしたが、10代の若者に社交ダンスも一定の人気があります。「競技」として社交ダンスを行っている人もいますが、教養や余暇を楽しむスポーツといった捉え方が強いです。

そのせいか10代半ばの子供に対して親が３か月とか６か月の初心者向けのダンスコースに行かせることもよくありま

馬上でアクロバット。馬を使った競技は日本に比べてドイツではポピュラーだ。

す。どうしても女性が多いのですが、普段スポーツクラブのサッカーグラウンドで走り回っている男性でもダンスコースに行くこともあります。初心者コースを終えて、継続する人は限られているのですが、それにしても「リタイアした夫婦がはじめる」という印象の強い日本とはずいぶん異なります。社交ダンスのための、ダンススクールももちろんありますが、総合型のスポーツクラブがひとつの部門として扱っているところもあります。

日本に馴染みのないもののひとつが乗馬でしょう。ドイツでも特別なスポーツというイメージはあるようですが、それにしても、普段の生活でも「馬」を見ることは日本にいるよりも多いです。馬のゲージをつないで運搬している自動車もよく走っています。馬場の数も多いです。

また馬上でアクロバティックなことを行う軽乗競技にも人気がありますが、日本ではほとんどないようです。「馬」文化の違いが出ているように思います。

日本の武道にも人気があります。空手のところでは、80年代の映画「ベストキッド」が掲げられています。かなり古い映画ですので、どの世代まで知られているのかはわかりません。しかし空手をポピュラーにした映画として紹介される「お決まり」の作品です。

柔道にいたっては「スポーツ以上のもの」という紹介がなされることが多く、親にとって倫理的な規律に魅力を感じるようです。実際、ドイツ柔道連盟は「礼儀」「謙虚」「親切」「尊重」「勇気」「自制」など10の「柔道の価値」というものを定めており、教育的なスポーツとしてきちんと位置づけています。

柔道は日本発祥のものですが、日本ではどうしても「強くなる」「試合に勝つ」といったことに偏重しやすい。それに対して、ドイツは柔道を日本とは異なる位置づけにあることがわかります。ここではあえて広告記事をとりあげましたが、教育関係の専門家や、専門のメディアでも必ずといってよいほど子供に勧めるスポーツとして柔道が挙げられます。実際「柔道は教育体系だ」という言い方がよく聞かれます。

余談ながらJudoka（柔道家）という単語もよく知られ、ニュースでも普通に出てきます。しかしドイツ語風に発音されるので「ユードーカ」というふうになります。さらに、複数の場合はJudokas（ユードーカス）というふうに使われる。音で聞くと、「じゅうどう」とはまったく別の競技のように聞こえるのですが、ドイツ語化している結果です。

「社会的能力」への期待

広告記事がおすすめするスポーツへのコメントを見ると、敏捷性などの運動能力、持久力アップなどのフィジカル効果を掲げています。同時に自信、寛容、敬意といったことも触れられています。さらに、さらりと読み飛ばしてしまいそうですが「社会的能力」という表現も出てきます。スポーツに対して、フィジカルな要素だけではない部分をも親は期待しているわけですね。

では「社会的能力」とは何でしょうか。様々な議論があるのですが、ここでは商工会議所が掲げるものを見てみましょう。

というのもドイツは日本と異なり、職業と教育がかなり密接です。そして「どこの会社に所属するか」というより「どういう職業か」ということが重要です。大学に進学しない場合、18歳までの若者は職業学校への就学を義務づけられています。同時に週のうち3～4日間は会社などで職業訓練を受けます。学校では理論を学び、会社で実践という制度設計で、デュアルシステムと呼ばれています。職業教育を終えると、最終試験が行われ、商工会議所が職業資格証を発行する仕組みです。「資格」なので、職業人に求められる能力というものもきちんと定義づけています。そのひとつが「社会的能力」なのです。

商工会議所が掲げる社会的能力は次の五つです。

1　自己認識と外部認識

自分で自分のことをどう捉えているか、他人は自分をどう見ているのかという認識能力をさします。

2　コミュニケーションスキル

これはわかりやすいです。様々な人とどのように積極的に関係を作っていくかが問われます。

3　「異なる視点から見る能力」と「共感する能力」

これも他者と仕事をしていく上で重要です。相手のことを理解するために必要な能力です。

4　「摩擦」「批判」の能力

仕事はうまくいくとは限りません。時には批判されることもあり、時には批判しなければなりません。これには大きなストレスもあり、摩擦になることもあります。そんな中、どのように自信を持ち続けるか、ストレスに対してどういうふうに対処できるか。

5　チームワーク

1から4の能力は「チームワーク」に収斂されるといってもよいかもしれません。チームワークは他の人と建設的に仕事をしていくために必要な能力です。チームの目標は迅速に、そして最適に達成されなければいけません。しかしこれは自分自身をチームに従属させるということではありません。また、時には柔軟に対応する必要もあります。

重要なのはチームの目標達成。そのためには提案をし、そしてチームメンバーの異なった意見とともに議論しなければなりません。また、チームワークは同僚たちと個人的に仲良くする必要はありません。しかし日々のやりとりのなかで「共感」することも出てきます。また、一方で「摩擦」「批判」などもチーム内に起こります。そのため、チーム内ではコミュニケーションを図り、情報を交換し、お互いを律する必要があります。すなわち、チームメンバー全員が成功のための雰囲気を作る責任を共同で負っていることを意味します。

ここにきて、日本の企業が求める「体育会系」の人物像と決定的に異なる点が目に付きます。それは４番目の「摩擦」「批判」の能力です。先輩（上司）の指示をよくきくだけの人物像ではだめということです。

以上が商工会議所が考える「社会的能力」なのですが、スポーツを通して親が子供につけさせたい能力のひとつということなのでしょう。

3 キリスト教とスポーツ

サッカーと経済

スポーツを通して子供が身につけられるものには、「社会的能力」のほかに、寛容や公平といった倫理的な「価値」教育も挙げられています。ここでは、これらの「価値」とは何なのかを考察していきましょう。

先ほど、商工会議所が考える「社会的能力」を見ましたが、寛容や公平といった「価値」も扱っています。たとえばバイエルン州北部のニュルンベルク市および周辺地区管轄の商工会議所は数年前から企業向けにＣＳＲ（企業の社会的責任）の啓発活動でサッカーを応用したものを展開しています。２０１２年に同商工会議所が発行した約40ページのブックレット「フェアプレーとＣＳＲ、ダブルパスで」を見てみましょう。マンハイム大学教授、ニック・リンヒ博士が執筆、ドイツサッカー文化アカデミーと商工会議所が共同で製作したもので、まず経済とサッカーの中で重要なのは「フェアプレー」であると説きます。その心は次のようなものです。

スポーツマンらしからぬ態度は損失につながる。社会を犠牲にし、自分の利益だけ実現した無責任な行動は、結果的に企業自身の自由を奪うばかりか、存在そのものが危ぶまれるでしょう。公平性と責任を受け入れることは、実は成功への投資。こういうことが伴ってこそ市場の中の自由競争という「ゲーム」の中でプレーヤーとして居続けられる。このように説いているのです。

冊子では具体的にサッカーと経済を次のように対比させています。「公正な行動を選手に促すこと」（サッカー）は「従業員にCSR研修を行うこと」（経済）。「危険なプレー」（サッカー）は「安全基準の無視」（経済）に相当するといった具合です。

CSRは、企業が社会的な存在であるということを強く意識したものですが、そこにスポーツ価値（公平、敬意、寛容など）を使っています。これらは社会において普遍的なものということを表しています。

スポーツフェスティバルでの礼拝

私が住むエアランゲン市では、数年ごとに「スポーツフェスティバル」が行われま

スポーツフェスティバルで説教を行うユリア・アーノルド師。

す。なにやら運動会のようなものを想像される方もいるかもしれませんが、「スポーツクラブ見本市」と表現するのが妥当でしょう。

ちなみに同市では100程度のスポーツクラブがあります。会場は市内の広い緑地地帯。2012年7月に行われたものを見ると、サッカーやハンドボールをはじめとする球技類、スカイダイビング、グライダー、サマースキーにロッククライミング、カヤック、柔道、合気道、空手、テコンドー、フェンシングと70程度のブースが並びます。大掛かりな規模の器具を設置したり、柔道マット（畳）を敷いたり、グライダーを運搬して展示するなど、壮観です。会場の中央には仮設舞台が作られ、各競技の紹介や市長らも交えたゲーム、それに地元のスポーツの著名人のインタビューなどが行われました。

興味深いのは、この仮設舞台で礼拝が行われたことです。フェスティバルの開催が日曜日だったということもありますが、日本から見るとちょっと馴染みのない風景です。仮設舞台にさっそうと現れたのが黒い僧衣姿の牧師、ユリア・アーノルド師。説教で協調されたのは「寛容」「敬意」「公平」といった価値観でした。そういった言葉を書いたビニールのボールを使い、テンポよく話を進めていきます。

さて、このキリスト教とスポーツの組み合わせ、どう考えればよいのでしょうか。ヒントになるのがドイツの学校。授業に「宗教（＝キリスト教）」があります。キリスト教徒ではない生徒はというと、「倫理」の授業を受けます。つまり宗教教育＝倫理教育という位置づけになっているともいえるわけです。倫理はより普遍的な価値の体系です。だからこそスポーツのあり方や企業経営にも含まれるのです。

実際、キリスト教からスポーツに対する倫理的なアプローチを行っています。スポーツフェスティバルで説教を行ったアーノルド師もその一人。同師はエアランゲン大学で神学を学び、「スポーツと教会」というテーマで活動をしています。またバイエルン・スポーツ連盟の「スポーツと教会委員」のメンバーの一人です。スポーツ、倫理、宗教に関する議論は複雑なものがあるのですが、スポーツに付されている価値は、キリスト教と親和性が高い。だからこそ、子供に勧めるスポーツでも価値教育としての価値があるわけです。

さらに踏み込むと第3章で述べたように、スポーツは社会的アクティビティにつながっているのがドイツです。倫理的な規範を実際の社会へ働きかける力や期待がスポーツにはある。スポーツフェスティバルでの礼拝を見ると、こういったドイツのスポーツ文化がよくわかります。

4 才能があれば「引き上げる」

「引き上げる」欧米の教育観

ドイツ語を見ると、「教育」を意味する単語が複数あります。そのうちのひとつに、「引き上げる」といったラテン語がもとになっているものがあります。一般にいろいろなものをやってみて、もし才能があることがわかり、それを続ける意欲があれば、それを「引き上げる（伸ばす）」、という考え方が見出せます。

この発想に沿って見ていくと、ドイツのスポーツのあり方ともうまくあいます。144～152ページでとりあげた子供に勧めるスポーツの広告記事でも「お子さんにどのスポーツするか自分で決めさせてあげてください。多くの子供たちは様々なスポーツを試しています」とさらりと書いていますが、「いろいろ試してみて、合うものを選び、伸ばしていく」という考え方に沿ったものといえるでしょう。

「才能があれば引き上げる」という教育観は、子供向けのスポーツプログラムにも反映されているように思います。たとえば中高生ぐらいの年齢を対象にした、サッカーのトレーニングキャンプでは自分にとって適正な職業は何かを考えるプログラムが用意されています。

キャンプの参加者には「自分はプロの選手になるんだ」という意欲を持っている子供もいます。ところが、当然プロになれるのはごく一部。それを考えると「サッカーこそが、自分の人生だ」などと思い込まず、少しサッカーから距離をおいて自分の適正を考えるべきです。適正な職業とは何かを考えることは「もし才能があるのなら、それを引き上げていく」という教育観と表裏一体になっているように思います。

「練習がマイスターを作る」という言葉はあるけれど

「仕立て上げる」というよりも、「才能があれば引き上げる」という教育観が強いドイツですが、「練習がマイスターを作る」といった言い方もあります。繰りかえし、根気よく練習をすることの重要性を表すものです。しかし「才能があれば引き上げる」という考え方がまさるのでしょうか。たとえば勉強にしても「もう少しプッシュしてあげると、伸びそうな子供」なのに、親も先生も適切なプレッシャーをかけないというケースが散見されます。

「仕立て上げる」アジアの教育観

そんなドイツに対しアジアの教育観は正反対といえます。

示唆的なのが2011年に出版された本、『タイガー・マザー』（エイミー・チュア著、齋藤孝訳、朝日出版社）です。中国系のルーツを持つ著者は子供に毎日ピアノを練習させ、上位の成績を取るようにとスパルタ方式の教育を行いました。このやり方は個性を重視するアメリカ式となじまなかったのか、最後には子供に反抗されます。教育観の文化的衝突を描くドキュメンタリーのような一面もあります。

ドイツでも翻訳され、話題になった『タイガー・マザー』

この中で、筆者のチュアさんは、学業での成功を強要するのは子供によくないとする欧米人に対して、中国系の母親の多くは「学業での成功は子育ての成功の印」だといいます。そして、学業も運動も「金メダル」でなければならないという。だから、もし子供が成績Aではなく Bをとってくると、〈まずは叫び声を上げ、次に頭をかきむしって感情を爆発させることでしょう。打ちひしがれた母親は、数十の、いえ数百の練習問題を準備して、子どもがAを取るまで、つきっきりで勉強させることになります。自分の子どもが満点を取れると信じているからこそ、中国人の親は子どもに完璧さを求めるのです〉（同書69ページ）

同時に欧米の教育観を批判的に書いています。特に欧米人の親は子供の自尊心を気にしすぎということを指摘します。〈子どもたちの自尊心のために良かれとやっていることが、子どもたちにあきらめを生んでしまったら、それは最悪のことではないでしょうか〉（同書82ページ）

そして、欧米人とアジア人の母親の教育観の誤解と真意について次のように書いています。

〈アジア人の母親について、子どもが本当に興味のあることに無関心で、狡猾で冷淡で、無理強いし過ぎている人々として描いている本が、ちまたに溢れています。アジア人の親からすれば、子どもが悪くなっても自分たちの満足感を優先しているように見える欧米人の母よりは、自分たちの方が子どものことを大切に思っていて、子どものために犠牲を払うことを厭わないと心の中で思っています〉（同書83ページ）

中国と日本を比べると、たくさんの違いもあるのですが、チェア氏が説いていることは大雑把にいえば、日本も含むアジアの教育観なのかもしれません。すなわち、ドリル方式と根性でやり抜くことを課し、ある状態に「仕立てあげる」という発想です。スポ根ものを代表するマンガ作品「巨人の星」ともイメージが重なります。

同作品では主人公・星飛雄馬を父親・一徹が子供のときから徹底的に鍛えあげるというところがよく知られています。これは、指導者が怒鳴りちらし、体罰を加え、絶対的な練習量で「強い選手」に仕立てる、典型的な「体育会系」式のトレーニングとも重なります。

また今日でも、サッカーのチームに子供が入ってくるときに、「ウチの子をJリーガーにしてください」という母親もいるそうです。そこにはJリーガーに「仕立て上げる」ことが子供の幸せになるのだ、という発想が見いだせるように思います。

さらに、「仕立て上げる」（アジア）と「引き上げる（のばす）」（欧米）の教育観の違いについて、とてもうまくまとめています。再び引用してみましょう。

〈欧米人の親は子どもの人格を尊重しようとし、子どもたちが真に情熱を傾けられるものを見つけるよう勧め、その選択を支え、励ましの言葉をかけ、そういった環境を整えてあげようとします。対照的に中国人の親は子どもを守る最善の方法は、彼らのために将来を用意して、子どもたちに何ができるかを気づかせてやり、才能や勤労習慣、それにゆるぎない内なる自信で身を固めることだと思っているのです。〉（同書83ページ）

同書はドイツでもベストセラーになりました。特に教育観の違いは衝撃的だったのでしょう、私が住むエアランゲン市でも「我々はタイガー・マザー方式の教育をすべきか」といった講演も行われました。

「Why」のドイツ、「まねぶ」日本

日本語で「学ぶ」という言葉がありますが、語源的には「まねぶ」、真似をするということです。語源から考えていくと、いくつかの日本のやり方と関連づいてきます。たとえば、形（かた）を何百回も繰り返し、技能を獲得する教育法があります。職人、伝統芸などの世界でも、師匠の技能や芸を模倣、真似ていきますね。これも形を真似し、「身体化する」というやり方なのでしょう。

一方、ドイツの教育方法を見ると、方法や構造を教えることに重点をおいているように思えます。いわば「抽象化が行われた知識」と、実地で「身体的に覚えていくこと」が分離しているわけです。ドイツの就職のシステムが日本と全く異なるということ

とに触れましたが、デュアルシステムを見るとよくわかります。職業訓練中の若者は、職業学校で理論、そして訓練先の学校で実地訓練を受ける構造です。

さて、ここで「理論」に注目したいのですが、これは抽象的な知識に価値がおかれているということです。そのせいか、博士号や教授という肩書きには日本以上の価値があります。

ドイツでなぜ知識に価値がおかれているのでしょうか。一言でいえば、知識があれば自分で判断できるという考え方があるからです。ドイツの学校のカリキュラムを見ると西洋を中心とした世界の構造を知るために、歴史・言語・哲学といった側面から様々な科目に分節化しているのがわかります。

こういう世界の構造を知ることは、ただ目の前のお手本を「まねぶ（模倣する）」ことよりも、目の前のことに対して「Ｗｈｙ」、疑問をつきつける。場合によっては批判的に見るということです。そのためには知識や情報を多く持つべきであるということになります。１５７ページで紹介した社会的能力に「自己認識と外部認識」や、批判の能力などもはいっていることも、なるほどと思えます。これがスポーツの指導などで日本と違うかたちになってきます。つまり「自分で判断できる人間を目指す」ということがベースにあるわけです。

「自分の人生は自分で構築する」という人生観

この自己決定ができることに価値をおく考え方はどこからきたのでしょうか。社会史をたどると、かなり昔まで遡らなければならないのですが、直接的には19世紀です。この時期、工業化にともない都市化がぐっと進み、「労働者」という階層ができました。ここで起こるのが、労働者にとって、時間を労働の単位としてみる感覚ができてくること。それから彼らは都市の周辺の村からやってきました。都市に住み始めると、地縁血縁という前近代的なしがらみから離れることになる。

また、並行してカントをはじめとする、「理性」「個人」という考え方を精緻化する哲学分野の「知」も政治・社会に大きく影響してきました。

これが結果的に、ドイツでは人間の位置づけそのものである「個人」という単位が強くなったといわれます。そして「自分の人生は自分で構築する」という「自己決定」の人生観が広がったとみられますが、同時にそれは、他者の自己決定を尊重すべきということにもなります。

そうなると、全人生のなかで仕事はあくまでも一部分であり、人生のために「健康」や「生活の質」を重視するという考え方も生まれます。「労働は自分の時間の切り売り」ということがはっきりしてくると、自由時間や余暇という概念も際立ってきます。

長期休暇などの諸権利を明示するドイツの法律などは、こういう自我の感覚を保障するものという見方もできます。ポンと休みを取ることを「自己決定」し、それを尊重する他者、という構図が見出せる。こういう説明がある程度つくのではないでしょうか。

また75ページで公共空間とは率先的に活動を起こしてもよい空間でもあるということに触れました。これも「自己決定をする私」というメンタリティがなければできないことです。

これが教育という側面からいうと「自己決定をする私」を重視するあまり、結果的に欧米人の親は「子どもたちが真に情熱を傾けられるものを見つけるよう勧め、その選択を支え、励ましの言葉をかける」（『タイガー・マザー』のエイミー・チュア）だけという指摘につながるのでしょう。

しかしながら、スポーツに目を転じると、「自己決定」で競技に挑む場合、どれだけ知識と情報をもとに、自分を認識し、目的に達するために必要なトレーニング方法、そしてどれだけの時間が必要か逆算するロジカルな発想ともよくあいます。

日本の部活で頑張っている生徒には、「やらされている」と感じる人もいるようですが、「自己決定」ということがベースにないシステムにいるからかもしれません。

5 「スポーツバカ」がいないドイツ

競技に対するほどよい距離

あまりよい言い方ではありませんが、日本の体育会系の人をさして「脳みそが筋肉」「スポーツバカ」といった侮蔑の表現があります。私の解釈ではスポーツ以外のことに目がいかない「自己決定なき状態の狭量なスポーツマン」ということになるでしょうか。

このため、日本のスポーツマンは一種の洗脳状態のようになり、「勝利至上主義」を受け入れやすくなるのかもしれません。また勝利至上主義は、試合が学校対抗の試合制度になっているからともいえます。

学校単位の勝利至上主義というメンタリティは、最近になってできたものでもないようです。日本に近代スポーツを普及させたのは、明治初期、イギリスからやってきたフレデリック・ウィリアム・ストレンジだといわれています。『倫敦から来た近代スポーツの伝道師』（高橋孝蔵著）によると、ストレンジが来日したのが１８７５年。そこから１８８８年に34歳の若さで亡くなっていますが、この間「スポーツによる人間形成」というイギリスのスポーツ観が高等教育機関に伝わっていったようです。

当時の高等教育機関であった高等学校、いわゆる「旧制高校」では、19世紀末から運動部が次々と作られました。旧制高校は現在の「高等学校」とは異なります。中学校四年を終了した者、あるいは同等以上の学力のある男子が通うもので、帝国大学の予科として機能。いわばエリートが通った学校です。

イギリスのパブリックスクールも同様で、スポーツはエリートのものでした。「勇気」「男らしさ」をよしとした点で、旧制高校とは共通点があったようです。しかしながら、いざ試合となると、両者には差がありました。

どういうことかというと、イギリスの場合、ゲームはゲームという一種の相対化するような見方があったことに対し、日本の場合はゲームに対して「徹底主義」や「没我」「徹頭徹尾犠牲」といった態度やメンタリティがあったといいます。[8] 応援団にしても、味方を鼓舞するだけではなく、対戦相手を罵倒してでも勝利に導くのだという考え方があり、「フェアプレー」とは言い難い行動がありました。

この日英の比較を知ると、ドイツは、イギリスとよく似ていると思います。スポーツをしているのは数多くある「自分」のひとつで、試合となれば熱くもなるが、あくまでも自分の一部が投影される場所ということがうかがえます。試合に出るのは、あくまでも「自己決定」であるということです。

もちろん、チームワークは重要ですが、個人はチームや、チームが属している学校などの組織と自己を同一化することはありません。トレーナーにしても、勝たせたいという気持ちはもちろんありますが、日本の学校スポーツのようなプレッシャーは構造的に生まれにくいといえます。

タコツボの日本、自己決定のドイツ

日本で「スポーツバカ」が出てきやすいのは、タコツボ構造の部活でスポーツを行っているからともいえるでしょう。

これは日本の基本的な考え方にも見られるのですが、役に立つ「技術」「ノウハウ」の追求はとても熱心で、高度に発達しました。ロケット部品にもなる高度で信頼性の高い「ものづくり」もその成果もそうでしょう。また明治時代に日本は近代国家の体裁を実現しましたが、これも手っ取り早く欧米から「役に立つ」技術や制度を取り入れたところにあると思います。

ただこの傾向がひどくなると、視野狭窄《きょうさく》ともいえる状態がでてきます。たとえば文化面でいえば「おたく」と呼ばれる、特定の分野にのめりこむ傾向のある人も出てきやすい。「体育会系」も同様です。これらはそれぞれの分野で、高度化や精緻化がなされていくのですが、一般的な教養を持ち、社会と広く関連させる発想が乏しいことが散見されます。

昨今、国じたいが「役に立つ」「役に立たない」で学問を判断する傾向がありますが、日本のよくない特徴が出てきているように思います。「役に立つ」ものだけを手っ取り早く集めて成長させるべき若い時期の国なら必要なことかもしれません。しかし成熟した国では適していないのではないでしょうか。

それに対して、ドイツを見ていると、即物的に「役に立つ」「役に立たない」というよりも、教養を重視します。教養があるからこそ「自己決定」ができる。社会にどう参加するかという考えも出てくる。著名なスポーツ選手がチャリティなどを行うこともこういう視野の広さと関係があります。

そして技術者であっても、アスリートであっても教養があるから自分のことをきちんと語れるわけです。教養主義だから、スポーツバカは存在しないのです。日本のスポーツ選手は、外国のメディアにとって取材対象として面白くないといわれることがあります。というのは、取材をしても競技の話しか出てこないことが多いからとか。逆に欧米の選手は広く自分を語り、政治についても知っているため、記者との応酬も面白いのです[9]。

もっとも日本の場合、スポーツ選手や芸能人が政治発言することにアレルギーを持つことが多いので、競技のことしか話さないというのは、日本社会とマッチしているともいえます。

ところで、前述の大西鐵之祐さんの著書『闘争の倫理 スポーツの本源を問う』によると、日本でも、大学で体育会ができるまでは、スポーツが行われたのは学校内ではない、一般のクラブだったといいます。第二次世界大戦以前、中学生も学外のクラブでスポーツをしていたそうです。

しかしながら「教育的じゃない、外部の者や先輩なんかと一緒にやっているとろくな指導をやらない」ということになった。それで学校教育の中に取り込んだそうです。これで社会の基礎集団としてのクラブが機能しなくなり、学校中心のタコツボ型のスポーツになったと指摘しています。「スポーツバカ」が出てくるのは必然的だと

図表9　「自己決定する私」のインプット、アウトプット、リレーション

アウトプット - 自己決定で行うこと

- 社会運動、政治活動などへの参加、意見の表明
- 自由意思による時間・能力のシェア（ボランティア、NPO活動など）
- 率先的行動（PTAやNPOの役員などへの立候補、社会・政治運動のイニシアティブなど）
- 自己決定による自分のための諸活動（スポーツ、文化などの活動、休暇の取得）

※自由、公共性の理解、デモクラシーと連動している

スポーツは自己決定の行動、
「やらされる」ものではない
ソーシャルアクションとしての
スポーツクラブ

インプット -
自己決定ができるようになるために必要なこと

- 世界の構造・歴史・制度を知る「教養」
- 常に“Why”を考える
- 意思・意見のプレゼンテーションの訓練
- 倫理的価値の学習
- 自己決定のための情報収集力

※学校教育、成人向けの教育の役割が大きい

デモクラシー教育としてのスポーツクラブ

リレーション -
他の「個人」との関係の原理

- 平等
- 寛容
- 連帯

※あくまでも「人間の尊厳」が軸になっている

スポーツの人間関係と通じている

いえるでしょう。最後にこれまで述べてきたことを図表にまとめておきます（図表9）。そして終章では私のほうからささやかな提案をしてみたいと思います。

【7】Mevert, Friedrich（2009）. "Goldener Plan" und "Zweiter Weg": Vor 50 Jahren wurden die Weichen für den Sport für alle in Deutschland gestellt. Olympisches Feuer Juni 2009
【8】［デビット・ノッター、竹内洋, 2001］14P
【9】「劇的試合続くも外国人記者ソッポ…錦織圭はなぜ〝不人気〟か」日刊ゲンダイ電子版　公開日：2019/01/22
https://www.nikkan-gendai.com/articles/image/sports/245938/113746　（２０１９年2月2日閲覧）

終章

スポーツは社会の一部、そして社会を作るエンジンである

これからの日本の部活、スポーツにとって必要なことを述べ、著者からの提案をしてみたい。

緊張するスタート前

サッカー場の看板

ここまで読んでくださった人にとって、ドイツの人々は聖人君子のような人ばかりに思えるかもしれません。しかし、当然そんなことはありません。ただドイツの特徴的なことを引き出し、基本的な制度や思考の枠組みをほぐしていくと、ドイツのスポーツ文化が少し見えてきます。これは、日本のスポーツ文化を考える上で、刺激になるのではないかという立場で書いています。ですから、というわけではありませんが、ここでドイツの「まずい例」を挙げましょう。

SNSでサッカー場にたてられた看板が話題になったことがあります。次のような内容です。

忘れないでください！

1 （試合をするのは）子供たちです

2 あくまでも試合です

3 トレーナーも趣味としてやっています

4 審判もまた人間です

SNSで話題になったサッカー場にたてられた看板

5　これはワールドカップではありません

子供のサッカーの試合で、観客席の親が興奮することがあります。それに対する看板というわけです。私も何度か「熱くなりすぎた親たち」を見たことがあります。ピッチの上の子供たちより、ゲームに入り込んでいるんですね。確かにあまり褒められた状態ではない。一方、こういう看板がたつあたりは、「スポーツの場」として、まだまだ正常といえるでしょう。闘争心を抑制し、秩序ある行為であろうとすることは「スポーツ」の特性です。それを看板で再確認しようとしているわけですね。

「創造的体育会系」をつくれないか？

では日本の「スポーツ」はどうでしょう？　少し大きな視野から考えてみましょう。

今日の日本は早急に近代化を行い、急速な経済成長を追い求める「若い国」ではありません。持続可能性のある成熟した国家像を考える時期にあります。そして、日本はデモクラシーをベースにした国でもあります。

スポーツも社会の一部です。そのように考えると、「持続可能な成熟国家」「デモクラシーベースの国」という二つの条件に応じたスポーツ文化を考えていくべきだと思います。また、ドイツのスポーツクラブがそうであるように、スポーツは「社会の一部であると同時に、社会を作るエンジン」でもあります。

こういうふうに考えると、健全なデモクラシーを維持するにはどうすべきか、といった問いが重要に思えます。そうすると、たとえば既存の「体育会系文化」をリフォームしていくという発想も出てくるかもしれません。部活の「先輩後輩システム」は相互敬意の形と考える。そして後輩は先輩に服従するような関係ではないことを明白にする。そんな方針がたつと思います。そうすることで、意見を自由に表明する「先輩・後輩」の人間関係が成り立つ。さらに「人間の尊厳」というところから考えていくと、指導者と選手の関係も変わってくるでしょう。そして相互の「尊厳」をきちんと意識するような学校組織づくりという課題を設定することができるのではないでしょうか。

それから、ドイツのスポーツ文化と比較したときに見えてくる問題が、第4章で述べたタコツボ効果です。これに対して、部活の枠組みで多様な「社交」の機会が作れるかどうか。視野狭窄に陥らないようにどうすればできるか。こういう方針を立てることで、既存の体育会系を「創造的体育会系」にリフォームできるかもしれません。

「余暇」と「競技」の部活を作る

学校部活をベースに多様な社交の機会を作る方法として、「余暇」と「競技」の両方を作ると面白いかもしれません。競技部活は試合に出て頑張りたい人がやればよい。余暇部活は体力健康維持とリラックスが目的です。ここでは先輩・後輩に関係なく、場合によっては先生や保護者も自分たちの「余暇スポーツ」として混じってもよいでしょう。受験生にとっても、定期的に息抜きができる場所にもなってくるはずです。さらには高齢者や一般の人にも来てもらってもよい。余暇部活は生徒のための教育・厚生のためであり、同時に地域社会のための厚生の場にする。こうすることでスポーツを軸に多様な交流の実現にもつながります。

部活一般教養プログラム

「体育会系」という視野狭窄を回避するには、部活の選手たちに向けて「部活一般教養」のようなプログラムを作るのもよいかもしれません。ドイツの10代向けのサッカーのトレーニングキャンプで、適正な職業を考えるプログラムが用意されていること（166ページ）に触れましたが、これも、選手という「職業」を相対化させ、「サッカーバカ」という視野狭窄に陥らずキャリアを形成することを念頭においていると理解できます。そのように考えると、「部活一般教養」プログラムを作ることは、自分たちの世界観を相対化し、より広く社会のなかの自己像を考えることにほかなりません。

日本に目を転じると、Jリーグ加盟を目指すクラブ、「奈良クラブ」で選手およびスタッフを対象に座学を入れるという動きがあります。同チームは2018年末に運営において新体制をしき、「サッカーを変える　人を変える　奈良を変える」というビジョンを発表。それに伴い座学を始めたようです。[10]　これは選手たち自身の視野を広げ、成長につながるでしょう。また、それ以上にこういう取り組みが日本でも増えるとスポーツそのものが社会の一部であり、同時に社会を作るエンジンという形に変わって行く可能性があります。

「スポーツの役割とは何か」という問いが重要だ

日本の場合、ドイツのようなスポーツクラブを急ごしらえで無理に増やすとか、部活を学校からいきなり放り出すといったことをするのも難しい。また、現場で奮闘されている方からいえば、どこから手を付けてよいやら、見えてこないかもしれません。しかし、「スポーツの役割」とは何かという問いを立てていけば、一世代かけてスポーツ文化、ひいては学校の「部活」も変わるはずです。

その結果、スポーツを「社会の一部」に持っていくことができ、多様な社交、健康づくりなどの実現によって、スポーツをより人々の幸せにするものに変えられるかもしれない。もちろん社交には摩擦も出てくるでしょう。しかし、スポーツをするということは、相互敬意を学ぶことでもあります。人格と意見は異なるものであり、教養があれば意見と意見をうまく対峙させることにつながるはずです。

さらに、スポーツを「社会の一部」と考えていくと、老若男女がスポーツに対して、様々な関わり方ができるかどうかが大切になってきます。関わる拠点は先ほど提案した学校の「余暇部活」でもよいし、スポーツクラブでもいい。関わり方もいろいろあります。自分でスポーツを楽しむのもよし、指導やオーガナイズをする役回りでもよいでしょう。あるいは、たまに行われるであろうイベントやパーティに参加するだけでもよい。それにしても、とりわけ働いている人にとっては「可処分時間」を増やす必要があります。

そう考えると「スポーツ側」から、労働環境に関する政策にまで提言する必要もあるでしょう。この中にはもちろん先生たちの労務問題も含まれてきます。これ以外にも「スポーツ側」から社会そのものをよくするために、働きかける課題はたくさんあるはずです。こういうアクションが「スポーツ側」から出てくること、これが、「社会を作るエンジンとしてのスポーツ」の役割です。

【10】「伝統工芸からサッカー界へ。中川政七の「学びの型」で、クラブと選手はどう変われるか」Business Network Lab 公開日2019/03/04　https://bnl.media/2019/03/naraclub-nakagawa.html（2019年7月2日閲覧）

参考文献

Dieckert Jürgen, Woop Christian. (2002). Handbuch Freizeitsport. Hofmann GmbH & Co. KG.

Mevert Friedrich. (2009). "Goldener Plan" und "Zweiter Weg" : Vor 50 Jahren wurden die Weichen für den Sport für alle in Deutschland gestellt. Olympisches Feuer　２００９年６月号，48-51.

エイミー・チュア著、齋藤　孝訳『タイガー・マザー』朝日出版社　２０１１年

大西鐵之祐著『闘争の倫理～スポーツの本源を問う』鉄筆文庫　２０１５年

加藤元和著『カール・ディームの生涯と体育思想』不昧堂出版　１９８５年

杉本厚夫編『体育教育を学ぶ人のために』世界思潮社　２０００年

高橋孝蔵著『倫敦から来た近代スポーツの伝道師　お雇い外国人Ｆ．Ｗ．ストレンジの活躍』小学館　２０１２年

森　貴史著『踊る裸体生活～ドイツ健康身体論とナチスの文化史』勉誠出版　２０１７年

柳父　章著『翻訳語成立事情』岩波書店　１９８２年

スポーツクラブについては複数の資料を参照しているが、主に次の文献によるものが大きい。

Wolfgang Beck. (1998). 150 Jahre Turnverein 1848 Erlangen Festschrift. Erlangen: Turnverein 1848 Erlangen.

小原　淳『フォルクと帝国創設：十九世紀ドイツにおけるトゥルネン運動の史的考察』彩流社　２０１１年

あとがき

ドイツの地方都市に住み、私は「都市の発展」をテーマに執筆してきた。このテーマに取り組み始めて、ほどなくしてドイツの、特に地方都市の非営利組織について調べた。するとスポーツクラブが多いことに気がついた。これがスポーツ分野に関心を持ったきっかけだ。

都市の中でスポーツやスポーツクラブが行政や都市計画、地域の経済・政治とどう関連づいて、都市の質を高めているのかについて書いたのが『ドイツのスポーツ都市 健康に暮らせるまちのつくり方』（学芸出版社）である。それに対して本書ではスポーツの社会的価値を生み出す概念的なところに力点をおいて書いている。両方を手にとっていただくと、ドイツのスポーツについて、立体的な理解がある程度できるかと思う。

さて有形無形の様々な手助けがあって本書を世に出せることになったが、とりわけ3名の方のご尽力に感謝したい。まずきっかけを作っていただいたのが編集者の中村実さん（編集企画シーエーティー代表）。随分以前から、記事執筆の機会を作っていただいた。そして書籍化の提案と内容への助言をいただき、構成等も考えてくださった。晃洋書房の吉永恵利加さんは本書出版を具体的に進め、最後の仕上げを丹念にしてくださった。また同社での出版につなげてくださったのが上田滋夢さん（追手門学院大学教授）だ。本書の構想をお話すると「読んでみたい」とおっしゃってくださり、とても勇気づけられた。

いうまでもないが、私はドイツでは外国人である。それゆえに本書は「外国人が描いたドイツ」でもある。一方、私の子供たちはこの国で育ったため、「親」としてドイツ社会と接する機会も得た。これは取材では得られないドイツ社会の理解につながる。また妻のアンドレアには適宜、私の理解の妥当性について議論の相手になってもらった。ありがとう。

２０２０年９月

ドイツ・エアランゲンにて

高松平藏

〈著者紹介〉

高松平藏（たかまつ へいぞう）

ドイツ在住ジャーナリスト。エアランゲン市（バイエルン州）在住。京都の地域経済紙を経て、90年代後半から日独を行き来し、エアランゲン市での取材をはじめる。2002年から同市に拠点を移す。両国の生活習慣や社会システムの比較をベースに環境問題や文化、経済などを取材。「都市の発展」をテーマに執筆。また講演活動のほか、エアランゲンで研修プログラムを主宰。著書に『ドイツの地方都市はなぜクリエイティブなのか』（2016年　学芸出版社）、『ドイツのスポーツ都市 健康に暮らせるまちのつくり方』（2020年　学芸出版社）など。

ドイツの学校には なぜ「部活」がないのか
非体育会系スポーツが生み出す文化、コミュニティ、そして豊かな時間

2020年11月30日　初版第1刷発行
2022年5月15日　初版第4刷発行

著　者　高松平藏Ⓒ
発行者　萩原淳平
印刷者　藤原愛子

発行所　株式会社 晃洋書房
京都市右京区西院北矢掛町7番地
電話　075（312）0788㈹
振替口座　01040-6-32280

企画・編集協力　中村　実（編集企画シーエーティー）
印刷・製本　藤原印刷㈱
装幀　HON DESING（小守いつみ）
本文デザイン・DTP　朝日メディアインターナショナル㈱

ISBN978-4-7710-3431-0